© 2024 ELLIS POTTER

Das Werk, einschließlich seiner Teile, ist urheberrechtlich geschützt. Jede Verwertung außerhalb der Grenzen des Urheberrechts ist ohne Zustimmung des Verlages unzulässig. Das gilt insbesondere für die elektronische oder sonstige Vervielfältigung, Übersetzung, Verbreitung und öffentliche Zugänglichmachung. Ausgenommen sind kurze Zitate innerhalb von kritischen Artikeln und Buchrezensionen. Weitere Informationen: info@destineemedia.com

Es wurde angemessene Sorgfalt aufgewendet, um Originalquellen und Copyright-Inhaber aufzuzeigen. Sollte eine Zuordnung falsch oder unvollständig sein, bittet der Verlag um schriftliche Mitteilung, um zukünftige Auflagen korrigieren zu können.

Verlag: Destinée Media
www.destineemedia.com

Chefredakteur Peco Gaskovski
Umschlagsentwurf Ben Stone
Umschlag und Innenteil Istvan Szabo
Formatierung Istvan Szabo
Aus dem Amerikanischen von Markus Thiel und Ralf Hadersberger

Alle Rechte liegen beim Autor.
ISBN 978-1-938367-82-3

EIN UNIVERSUM, DAS HOFFT

ELLIS POTTER

destinēe

INHALT

3 WELTFORMELN 9

VIER QUELLEN DER ERKENNTNIS 121

UMFASSENDE GEISTLICHKEIT 207

EINLEITUNG

„Ein Universum, das hofft" ist eine Trilogie aus drei Büchern: „Drei Weltformeln", „Vier Quellen der Erkenntnis" und „Umfassende Geistlichkeit". „Drei Weltformeln" vergleicht drei unterschiedliche Weltanschauungen oder Arten, die Welt zu verstehen. „Vier Quellen der Erkenntnis" betrachtet vier grundlegende Wege, die Wirklichkeit zu erkennen bzw. einzuordnen, und zwar durch die Bibel, den Verstand, die Erfahrung und durch Institutionen. „Umfassende Geistlichkeit" handelt von einem einheitlichen bzw. ganzheitlichen Verständnis der Einheit der natürlichen und übernatürlichen Teile der Wirklichkeit.

Das Hauptthema der Trilogie ist die Hoffnung, die das ganze Universum einschließlich aller Menschen prägt, weil alles durch einen persönlichen, dreieinigen Gott geschaffen wurde, der Seine Schöpfung liebt und sagt: „Es ist gut". Diese Trilogie wird in der Hoffnung veröffentlicht, in Ihnen als Leser, echte und wirkliche Hoffnung für Ihr Leben und Ihre Beziehungen zu wecken.

Ich wollte schon seit langem diese drei Bücher in einem Buch zusammenfassen. Mein Herausgeber Peco Gaskovski teilte diese Vision und schlug den Titel „A Universe that Hopes" vor. Möge diese Trilogie ein Segen, eine Ermutigung und eine Herausforderung für alle sein, die sie lesen. Gott segne Sie.

Ellis Potter
Basel, 2024

3 WELTFORMELN

Aus dem Amerikanischen
von Ralf Hadersberger

Für

Mary

meine

Frau

Einleitung	15
Die drei Kreise	17
Der erste Kreis	21
Der Elefant des New Age	24
Das Erleben der „Einsheit"	27
Der Kreislauf des Lebens	30
Meditation und Sprache	32
Das Nichts des Zen	36
Der zweite Kreis	39
Der dritte Kreis	45
Das Problem mit den Gegensätzen	47
Humpty Dumpty	51
Sich auf einer Brücke verlieben	53
Sich der Schwerkraft widersetzen	57
Wandel, Zeit und Ewigkeit	60
Ich und Wir	62
Du musst jemandem dienen	64
Schau, Papi, Schau!	67
Ein schwarzes Loch im Herzen	71
Die Lösung	76
Auf den Punkt gebracht	79
45 Fragen	81
Diskussionsthemen und die Antworten von Ellis Potter	

EINLEITUNG

Als ich ein Junge war, stellte ich die Art von Fragen, die viele Kinder stellen. Kinder möchten wissen, wie weit „weit" ist oder wie klein denn „klein" ist. Sie möchten vor allem wissen, *warum?* Ich bin nie erwachsen geworden. Ich stelle immer noch diese Fragen, absolute Fragen, über das Leben an sich. Ich möchte wissen, wie die Wirklichkeit aussieht, wenn man bis auf den Grund und hinaus an die Ränder denkt. Ich möchte wissen, was Dinge im letztendlichen und absoluten Kontext bedeuten. Es kann schwer sein, über absolute Fragen nachzugrübeln, weil sie deine tiefsten Überzeugungen anfechten können. Sie können bedrohlich sein. Aber es ist aufregend, absolute Fragen zu stellen. Ich glaube es ist gesund. Falls du erwachsen bist, hoffe ich, dass du wieder wie ein Kind werden kannst.

Kleine Kinder beginnen ihr Leben in der Hoffnung und dem Vertrauen, dass die Wirklichkeit Sinn macht. Sie glauben, dass Mama und Papa allwissend sind – ein Glaube, der im Laufe der Kindheit zerstört wird. Es endet dann so wie mit dem Nikolaus. Wenn sie erwachsen sind, haben die meisten Menschen die Hoffnung und das Vertrauen verloren, dass alles zusammenpasst. Ihr Konzept der Realität schrumpft zusammen zu einer kleinen kulturell geprägten Sichtweise, zu Selbstschutz und Kontrolle oder zu Gleichgültigkeit. Sie leben in einer kleinen Realität, denn die große Realität, die absolute Realität, ist zu schwierig.

Absolut ist eine Kategorie, die so groß ist, dass alles hineinpasst und nichts mehr übrigbleibt. Die Kategorie *absolute Realität* beinhaltet alles, was existiert. Sie ist eine Weltformel. Viele Leute denken, dass es nichts Absolutes gibt und sagen, „es gibt absolut nichts Absolutes". Diese Aussage ist jedoch problematisch, denn wenn sie absolut wahr ist, muss sie absolut falsch sein.

Ich glaube, dass die Existenz von Absoluten sehr wahrscheinlich ist, aber sehr unbequem und unliebsam für unser Ego. Heutzutage gefällt es den meisten Menschen, *nicht* an Absolute zu glauben. Denn wenn es wahre Absolute gibt, dann sind wir dem Absoluten gegenüber verantwortlich. Wenn es wahre Absolute außerhalb von uns selbst gibt, erfinden wir uns nicht selbst. Andererseits sind wir frei, falls es keine Absolute gibt. Wir erfinden uns selbst und die Bedeutung aller Dinge ergibt sich aus unserer Reaktion darauf. Diese Idee ist offensichtlich ziemlich attraktiv. Sie bedeutet auch, dass wir aufhören können, Fragen zu stellen.

Aber einige Menschen stellen weiterhin Fragen. Sie möchten wissen, um was es im Leben wirklich geht. Welchen Sinn alles ergibt. Sie suchen nach Wahrheit. Sie möchten sich nicht einfach nur „einpassen" in ihre Kultur oder glauben, was ihre Eltern ihnen beigebracht haben. Sie möchten wissen, was echt und wahr ist und es ist ihnen egal, was dabei herauskommt. Wenn es Bedeutungslosigkeit und Tod ist, soll es so sein. Wenn es bedeutungsvoll und glorreich ist, soll es so sein. Und so stellen sie weiterhin Fragen bis auf den Grund und hinaus an die Ränder der Realität, in der Hoffnung, zur Wahrheit zu gelangen, zur *absoluten* Wahrheit – egal ob es darin Hoffnung gibt oder nicht.

DIE DREI KREISE

Als ich nach Absoluten suchte, entdeckte ich, dass es davon nicht viele gibt. Ich glaube, dass es letzten Endes nur drei gibt: Monismus, Dualismus und Trinitarianismus. Diese unterscheiden sich ziemlich voneinander, auch wenn sie einiges gemeinsam haben. Vor allem die Endung *-ismus*. Sie zeigt an, dass, was immer vor der Endsilbe *-ismus* steht, das Zentrum der Realität und das Maß aller Dinge ist. Wenn Wissenschaft das Maß aller Dinge ist, ergibt das „Wissenschafts-Ismus". Wenn der Mensch das Maß aller Dinge ist, ergibt das Humanismus. In Bezug auf Weltanschauung gibt es somit *Eins-Ismus*, *Zwei-Ismus* und *Drei-Ismus*.

Das Wichtigste, was diese drei Weltanschauungen gemeinsam haben, ist ihre Sicht von der Geschichte der Realität. Sie alle haben das Verständnis, dass es einen perfekten Anfang gab und dann etwas schief ging, so dass wir jetzt in einer Situation leben, wie sie nicht vorgesehen war. Wir leiden. Wir sind entfremdet. Wir plagen uns. Wir fühlen uns verwirrt. Wir möchten, dass alles wieder in Ordnung kommt. Gibt es irgendjemanden, der sich niemals darüber beschwert hat, wie es in der Welt zugeht? Sehr wenige Menschen glauben, alles sei perfekt in dieser Welt und die meisten von ihnen tun nur so als ob, sind irregeführt oder lesen nie die Nachrichten. Ich denke es ist normal, sich zu beschweren, weil die Dinge offensichtlich nicht in Ordnung sind. Es ist verständlich, wenn Menschen möchten, dass alles wieder in Ordnung gebracht wird.

Die westliche Tradition des Denkens geht davon aus, dass das Konzept „Einmal war alles perfekt und jetzt muss es wieder in Ordnung gebracht werden" die biblische Sicht der Geschichte darstellt. Am Anfang schuf ein perfekter Gott eine perfekte Schöpfung und perfekte Menschen, und dann lief etwas schief. Es kam zu Rebellion, Sünde und Egoismus. Das Ergebnis: die Welt sind nicht mehr in Ordnung, wir leiden und wir erwarten, dass alles in Christus wieder in Ordnung gebracht wird. Diese Bewegung kann in abstrakter Weise so ausgedrückt werden:

vollkommen – unvollkommen – vollkommen

Oder besser sogar:

zuhause – fern – wieder zuhause

In anderen Worten: es ist ein Muster des Nachhausekommens, des Fernseins auf einer Reise und des Zurückkommens an den Ort, an dem man begonnen hat – und das normalerweise verändert. Man sieht dieses Muster in großen Erzählungen wie Homers Odyssee und findet es in der meisten Musik, seien es einfache Volkslieder oder die a-b-a Struktur der Wiener Sonatenform. Musik und Erzählung sind deshalb so kraftvoll, weil sie im Mikrokosmos die Grundstruktur des Universums darstellen.

Nun, wenn wir erkennen, dass die Welt nicht in Ordnung sind, wäre eine wichtige Frage: Wie sah die Realität aus, als sie perfekt war? Wenn wir die Antwort darauf kennen, bekommen wir eine bessere Vorstellung davon, was falsch ist und was wir dagegen tun können. Wenn wir die Antwort nicht kennen, können wir nur sagen, „autsch, es tut mir weh." Erinnerst du dich an René Descartes? Es war Descartes, der sagte: „Ich denke, darum bin ich." Ich würde eher sagen: „Mir tut's weh, darum bin ich." Ich denke, das kommt näher an unsere Erfahrung heran.

Es gibt eine zweifelhafte Anekdote über Descartes: Er ging einmal in eine Bar und bestellte sich ein Bier. Nachdem er es ausgetrunken hatte, fragte ihn der Ober: „Möchten sie noch eines?" Descartes antwortete: „Ach, ich denke nicht." – und löste sich in Luft auf.

Ich aber bezweifle, dass wir verschwinden würden, wenn wir aufhörten zu denken. Wir würden immer noch existieren. Wir würden immer noch fühlen. Wir würden weiterhin leiden. Es gibt Menschen, die tatsächlich schmerzhafte Erfahrungen suchen, damit sie das Gefühl haben, am Leben zu sein. Sie ritzen und durchstechen sich mit Klingen und Nadeln, weil sie dadurch spüren, dass sie existieren. Dies ist keine gute Lösung für das Problem des Leidens, aber wir können die Verzweiflung nachempfinden und den dahinterliegenden Fingerzeig auf die Wahrheit anerkennen. In einer unvollkommenen Welt sind „Am Leben sein" und „Schmerz fühlen" miteinander verwoben. Sie sind ineinander verschlungen wie ein Knoten. Gibt es irgendeine Möglichkeit, diesen Knoten zu lösen? Gibt es so etwas wie Existenz ohne Schmerz? Was ist die Lösung für das Problem des Leidens?

Monismus, Dualismus und Trinitarianismus stimmen darin überein, dass die Realität zu Beginn vollkommen war. Aber sie stimmen nicht über das Wesen dieser Vollkommenheit und die Ursachen des Leidens überein und was es bedeutet, die ursprüngliche Vollkommenheit wiederherzustellen. Anders ausgedrückt, bietet jede Weltanschauung eine einzigartige Lösung, eine einzigartige Hoffnung für das Problem des Leidens an. Wir können Monismus, Dualismus und Trinitarianismus repräsentieren, indem wir einen Kreis auf drei unterschiedliche Weisen darstellen.

DER ERSTE KREIS

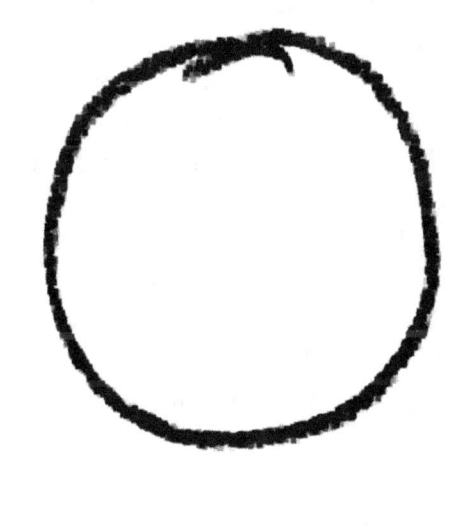

Wir wollen mit dem Monismus beginnen. Monismus ist nicht das gleiche wie Monotheismus. Monotheismus ist der Glaube an einen Gott, aber Monismus ist der Glaube an ein *Eins* – einer totalen Einheit, die die Grundlage von allem ist. Das ist etwas völlig anderes. Wenn du an einen Gott glaubst, dann gibt es Gott und *nicht* Gott. Aber wenn du an ein *Eins* glaubst, hast du nur Einheit oder *Alles ist Eins*.

Monismus ist eine sehr alte Weltanschauung. Sie entstand wahrscheinlich, als sich Menschen in der Welt umschauten und eine starke Einheit wahrnahmen. Es gibt eine Erde, einen Himmel, einen Mond, eine Menschheit, einen Tag-und-Nacht-Kreislauf, einen Jahreszeitenzyklus. Gleichzeitig sahen die Menschen Vielfältigkeit. Sie sahen Unterschiede. Die beobachteten Einheiten waren beständig und verlässlich, die beobachteten Unterschiede aber waren unbeständig und unzuverlässig. Monismus behauptet, dass die ursprüngliche Perfektion eine vollkommene, unwandelbare, ewige Einheit ist. Wir leiden, weil wir diese ursprüngliche Einheit vergessen haben und in einer Illusion der Vielfalt leben. Diese Illusion mag uns sehr real erscheinen, doch nichtsdestotrotz ist es Illusion. Laut Monismus besteht die Lösung für das Leiden darin, sich der vollkommenen Einheit wieder zu erinnern und sie zu erkennen.

Monismus ist die zentrale Idee hinter der New Age Bewegung. Hast du von der New Age Bewegung gehört? Eigentlich wird sie langsam etwas alt. Das „New Age" wurde etwa vor fünfzig Jahren, zur Zeit der Hippies, populär. Es holt seine Inspiration aus der Astrologie. Es gibt zwölf Abschnitte im astrologischen Tierkreis. Die Geschichte bewegt sich von einem Abschnitt zum nächsten, wie der Zeiger einer Uhr. Wir bewegen uns jetzt vom Fischzeitalter, symbolisiert von zwei entgegengesetzt schwimmenden Fischen, zum Zeitalter des Wassermanns, dem Wasserträger, bei dem alles zusammenfließt. Wir bewegen uns vom Zeitalter der Opposition zum Zeitalter des Zusammenfließens. Und wenn alles zusammenfließt, gibt es eine Zunahme von Frieden und Toleranz und der Erkenntnis, dass alles eins ist. *Alles ist Eins!* ist der Autoaufkleber der New Age Bewegung. Dies ist der markige Spruch, der große evangelistische Ausruf. *Alles ist Eins.* Wenn alles Eins ist, bist du Gott. Du bist die Sonne und der Mond und die Milchstrasse und das ganze Universum. Wenn alles Eins ist und du ein Glas Wasser trinkst, dann bist du Gott, der Gott in Gott schüttet. „Alles ist Eins" ist deswegen so attraktiv, weil es keine Uneinigkeit geben kann, niemand streiten, missverstehen und einsam sein kann, wenn alles eins ist. Wenn alles eins ist, sind alle Probleme gelöst. Vielleicht gefällt dir dieser Gedanke ja irgendwie auch. Doch, wenn alles eins ist, dann bist du ich – und das ist dann vielleicht nicht mehr so attraktiv. Wenn alles eins ist, sind Beziehungen schlecht, denn du hast nur Beziehungen, wenn du die Illusion von Unterschiedlichkeit hast. Wenn alles eins ist, ist Hass schlecht, weil Hass Beziehung ist, und Liebe ist auch schlecht, weil Liebe Beziehung ist.

Manche Leute neigen dazu, gegen diese Argumentation zu protestieren, da sie das Konzept von Liebe und Beziehung nicht aufgeben wollen. Aber Monismus ist eine absolute Weltanschauung, die alles umfasst. Daher kannst du dir nicht einfach herauspicken, was dir passt, um bestimmte Teile der Realität anders zu betrachten oder separat zu halten. Alles ist eins. Nichts wird ausgenommen, nichts ist abgespalten und alles ist absolut vereinigt.

DER ELEFANT DES NEW AGE

Eine bekannte Geschichte aus dem New Age, die das Konzept des „Alles ist Eins" symbolisiert, ist die Geschichte vom Elefanten. Der Elefant ist ein Symbol für absolute Wahrheit und die Menschen werden durch Blinde repräsentiert, die versuchen, diese Wahrheit zu entdecken, indem sie den Elefanten anfassen. Für mich macht es durchaus Sinn, dass in der Geschichte ein Wahrheits-Elefant vorkommt und nicht ein Wahrheits-Häschen. Ein Hase ist etwas, das du in deine Arme schließen kannst. Ein Elefant ist zu groß. Du kannst ihn nicht umfassen und dadurch erkennen. Mit anderen Worten: Absolute Wahrheit ist *größer*, als ich es bin. Es macht auch Sinn, dass es sich um Blinde handelt, weil wir alle gewissermaßen blind sind.

In dieser Geschichte findet nun der erste Blinde den Schwanz des Elefanten und stellt fest: „Ah, der Elefant ist wie ein Seil." Die nächste blinde Person findet ein Bein und sagt: „ Nein, der Elefant ist wie ein Baum." Der dritte Blinde findet den Rüssel und sagt: „Nein, nein, der Elefant ist wie ein Schlauch." Der Vierte schließlich berührt die Seite und meint: „ Nein, nein, der Elefant ist wie eine Mauer." Es gibt nur einen Elefanten, aber die Menschen nehmen ihn sehr unterschiedlich wahr.

Der Elefant ist zu groß für sie, um ihn zu umarmen und ihn komplett zu erfassen. Somit sind sie mit einer Wahl konfrontiert. Eine Wahlmöglichkeit wäre, an die Gültigkeit der eigenen Wahrnehmung des Elefanten zu glauben, und überzeugt zu sein, dass die anderen alle falsch liegen, deswegen zu streiten, zu kämpfen und einander umzubringen. Die andere Möglichkeit ist, die Glaubensreisen gegenseitig zu respektieren und zu erkennen, dass *jede* Erfahrung eine Wahrnehmung des Elefanten ist. Und somit sollten wir in Frieden und Toleranz zusammen leben. Was ist die bessere Wahl?

Vielleicht steckst du in der Zwickmühle. Einerseits möchtest du sagen, dass jedermanns Konzept von der Wahrheit gleich wahr ist. Andererseits aber möchtest du sagen, dass wir streiten, kämpfen und uns gegenseitig umbringen sollten. Ich habe diese Geschichte einmal in den Vereinigten Staaten erzählt und tatsächlich meldete sich ein junger Mann und meinte: „gegenseitig umbringen." In dieser Reaktion liegt eine gewisse ehrliche Logik, aber die meisten Menschen (sogar die meisten Amerikaner) würden nicht denken, dass das die beste Lösung wäre.

Du kannst, nebenbei bemerkt, erkennen, dass die Geschichte in eine Sackgasse führt. Man bleibt stecken, ohne rechte Alternative, außer der Schlussfolgerung, dass jeder ein kleines Stück Wahrheit hat und keines dieser Stücke mehr Wert besitzt.

Aber stimmt irgendetwas nicht mit dem Elefanten? Wenn ich in meinen Gesprächsrunden diese Frage stelle, konzentrieren sich die Leute meistens auf die Probleme, die es mit den Blinden gibt. Sie heben vielleicht hervor, dass diese ihre Wahrnehmungen nicht zusammenführen oder dass sie eben blind oder zu klein sind. Das sind sicherlich Probleme, aber wie steht's mit dem Elefanten?

Beachte, dass die Menschen in der Geschichte aktiv und mitteilsam sind, aber der Elefant nicht. Er ist passiv und still. Er steht zur Verfügung, er versteckt sich nicht, aber er kommt nicht zu den Menschen, die hungrig danach sind, ihn kennen zulernen. Du siehst also, dass in der Elefantengeschichte die absolute Wahrheit – der Elefant – weniger komplex ist als die Einzelteile – die Menschen. Macht das Sinn? Würden wir das von der absoluten Wahrheit erwarten? Was denkst du?

Eine weitere New Age Geschichte, welche die Idee des „Alles ist Eins" zum Ausdruck bringt, handelt von einem Wassertropfen. Ein Tropfen Wasser hat viele Probleme. Er ist einsam. Er hat Angst vor dem Verdunsten. Er ist frustriert, denn Wasser dient dazu, dass Fische darin schwimmen können. Aber der Wassertropfen ist zu klein dafür, dass irgendjemand darin schwimmen kann. Die Lösung für sein Problem ist, zurück ins Meer zu gehen und mit Allem eins zu werden. Dann lacht der Wassertropfen nur über die Verdunstung und ist niemals allein und die Fische schwimmen in ihm. Mit dieser Geschichte bringt man Kindern die Bedeutung von Erleuchtung bei.

DAS ERLEBEN DER „EINSHEIT"

Das Konzept des „Alles ist Eins" gründet sich in altertümlichen Versionen des Monismus. Es ist die Grundlage von Hinduismus und Buddhismus, der beiden großen monistischen Religionen. Der Gründer des Buddhismus war Siddharta Gautama. Er meditierte vierzig Tage und vierzig Nächte unter einer Pappelfeige, und war danach erleuchtet. Er öffnete seine Augen und sah den Planeten Venus am Horizont. Er wusste, dass er erleuchtet war, weil er wusste, dass er sich selbst betrachtete. Wenn alles eins ist, bin ich der Planet Venus. Wenn alles eins ist, bist du Gott.

Eines Nachmittags, als ich als Jugendlicher Yoga und buddhistische Meditation praktizierte, machte ich eine unvergessliche Erfahrung. Ich selbst hatte die genau gleiche Größe wie das gesamte Universum. Diese Erfahrung hielt ungefähr fünfzehn Minuten an. Und obwohl sie sehr intensiv war, führte sie zu keiner tieferen Veränderung, denn sonst würde sie nicht zu einer bloßen Erinnerung verblasst sein. Für eine zutiefst erleuchtete Person ist eine solche Erfahrung ständige Realität.

Es gibt viele unterschiedliche Formen des Buddhismus und die Menschen in der westlichen Welt sind grundsätzlich davon fasziniert. Ich glaube jedoch, dass wir nur die oberflächlichen Einzelheiten von etwas ähnlichem wie Buddhismus kennen, ohne wirklich zu den grundlegenden Prinzipien vorzudringen. Ich möchte hier nicht von den Details sprechen, sondern mich auf die grundlegenden Prinzipien konzentrieren.

Im Buddhismus gibt es vier geistliche Gesetze. Man nennt sie *„Die Vier edlen Wahrheiten"*. Die erste edle Wahrheit ist das Gesetz des Leidens. Das Gesetz des Leidens besagt, dass alles leidet. Jeder, ob aus Ost oder West, kann dem zustimmen.

Die zweite edle Wahrheit ist das Gesetz von der Ursache des Leidens. Die Ursache des Leidens sind Wünsche oder Begehren. Wenn du begehrst, leidest du. Du hast keinen Frieden. Begehren wird verursacht durch Beziehungen. Wenn ich dich zum Beispiel treffe und dann mit dir spreche, wünsche ich mir, dass du mich magst und verstehst. Aber das tust du vielleicht nicht. Als Resultat leide ich – vielleicht nicht furchtbar, aber ich leide. Aber eigentlich ist es noch schlimmer, denn auch wenn du mich magst und verstehst, wird es mich weiterhin danach verlangen, gemocht und verstanden zu werden. Und so kann ich nie wirklich dem Begehren und dem dadurch verursachten Leiden entfliehen. Gemäss dem Buddhismus verursacht jede Form von Begehren Leiden – sei es das Begehren gemocht zu werden oder reich, klug oder schön zu sein.

Bei der dritten edlen Wahrheit geht es um das Gesetz vom Aufhören des Leidens, indem man aufhört zu begehren. Dazu folgendes Beispiel: Wenn ich Zahnschmerzen habe und mir wünsche, dass der Schmerz aufhört, dieser jedoch nicht aufhört, leide ich. Habe ich aber Zahnschmerzen und wünsche mir *nicht*, dass der Schmerz aufhört und er auch nicht aufhört, leide ich nicht. Ich bin frei. Du siehst, der Schmerz ist da, aber wenn ich erkenne, dass ich der Schmerz bin, leide ich nicht. Meine Erfahrung ist nicht, *ich habe Schmerzen*, sondern *Schmerz ist*.

Die vierte edle Wahrheit ist ein Acht-Schritte Therapieprogramm, um das Ziel zu erreichen, Begehren zu beenden. Das Programm hat einen besonderen Namen: *„Der Achtfältige*

Pfad". Kennst du das Zwölf-Schritte Programm der anonymen Alkoholiker zur Überwindung der Alkoholsucht? Vielleicht hast du auch von anderen Schritte-Programmen gehört, die zu Gesundheit führen und einem helfen sollen, mit unterschiedlichsten Schwierigkeiten fertig zu werden. Der Achtfältige Pfad, den Buddha entwickelte, ist wahrscheinlich das original „Schritte-Programm". Beachte auch, dass „fältig" ein besseres Wort als „Schritt" ist. Bei Schritten verlässt du Schritt eins, wenn du Schritt zwei machst. Hast du aber „Falten", wie Falten eines Stück Papiers, dann wird zu der Entwicklung hinzugefügt und sie aufgebaut, bis du alle acht Falten hast.

Der Achtfältige Pfad beginnt mit praktischen Angelegenheiten, wie die richtige Art Dinge zu sehen, richtiges Denken beziehungsweise Wollen, richtige Handlungen und richtige Sprache, der richtige Weg ein Einkommen zu verdienen, richtige Anstrengung, richtige Aufmerksamkeit, richtige Konzentration. Dann fügt es größere Teile der Realität hinzu, wie das Übernatürliche, die Erkenntnis, das Bewusstsein und danach Meditation und das Buddha-Bewusstsein.

In ihrem Buch *Asiatische Weisheit* beschreibt Nancy Wilson Ross den Prozess folgendermaßen: Zuerst musst du klar sehen, was falsch ist. Dann musst du dich dafür entscheiden, geheilt zu werden. Dann musst du handeln und sprechen, so als ob du eine Heilung anstrebst. Dein Lebensunterhalt darf deine Therapie nicht stören. Deine Therapie muss stetig voranschreiten, so schnell wie möglich, aber nicht zu schnell. Du musst ständig daran denken und lernen, mit tiefem Geist darüber nachzusinnen.

DER KREISLAUF DES LEBENS

Die absolute Einheit der gesamten Realität zu erkennen, ist ein langer Prozess. Viele Menschen finden bald heraus, dass es unvernünftig ist zu erwarten, ein Leben würde für diesen Prozess ausreichen. An dieser Stelle wird die Lehre der *Reinkarnation* notwendig. Reinkarnation ist das Konzept, dass wir nach unserem Tod in ein anderes Leben auf der Erde hineingeboren werden, wieder leben und sterben, um dann erneut wiedergeboren zu werden. Indem wir das tun, arbeiten wir uns durch unser *Karma*. Karma funktioniert nach einem „Ursache-Wirkungs-Gesetz". Was immer wir in unserem Leben tun, erzeugt Auswirkungen, die ausbalanciert werden müssen. Dieses Ausbalancieren geschieht oft im nächsten Leben. Wenn wir zum Beispiel jemanden in diesem Leben töten, dann kann es sein, dass wir im nächsten Leben getötet werden, oder dass wir uns selbst dafür hingeben, Leben zu retten.

Reinkarnation kann für Tausende von Lebensspannen weitergehen. Im Westen neigen wir dazu, dies optimistisch zu betrachten, vielleicht weil wir von Natur aus positiv veranlagt sind. Wir denken, „Ah, du bekommst noch mal eine weitere Chance! Das ist gut! Vielleicht werde ich das nächste Mal als König wiedergeboren!" Aber in Asien wird die Reinkarnation nicht als Segen betrachtet. Es ist vielmehr ein Fluch, immer wieder in ein Leben des Leidens hineingeboren zu werden. Das Ziel von Buddhismus und auch Hinduismus ist es nicht, wiedergeboren zu werden, sondern das Wiedergeborenwerden zu beenden.

Wenn ein Christ einem Buddhisten oder Hindu sagt, dass sie *wiedergeboren* werden müssen, werden diese erwidern: „Oh ja, ich weiß – und immer und immer wieder!" Wiedergeborensein klingt für Buddhisten und Hindus nicht nach einer guten Nachricht.

Es gibt ein Wort, das Buddhisten und Hindus benutzen, um die Illusion der Realität zu beschreiben. Dieses Wort ist *Maya*. Im Maya gefangen zu sein, ist wie in einem schlimmen Traum stecken zu bleiben. Dieser Traum ist schmerzhaft, beängstigend und unbequem, aber nicht real. Was ist die Lösung für einen schlimmen Traum? Aufwachen. Erwachen ist das wahre Erkennen der Realität. Man nennt dies auch *Erleuchtung*. Es bedeutet Aufwachen vom Albtraum der Vielfalt, hinein in die vollständige Erkenntnis der perfekten Einheit. Dies ist das Evangelium des Monismus. Dies ist die Erlösung im Monismus. Sie ist kraftvoll, absolut und zutiefst einladend. Als ehemaliger buddhistischer Mönch anerkenne ich diese Weltanschauung und ihre starke Anziehungskraft selbst heute noch.

MEDITATION UND SPRACHE

Um sich bei Buddhismus, Hinduismus und anderen monistischen Religionen in Richtung Erlösung zu bewegen, sind Methoden erforderlich. Die vorherrschende Methode ist die *Meditation*. Im Westen denken die Menschen manchmal, dass Meditation konzentriertes Denken ist. Im Osten bedeutet es das nicht. Meditation ist dort eher eine Methode, um Gedanken zu *stoppen*. Das Denken muss aufhören, weil Denken etwas Analytisches und Beziehungsmäßiges ist. Denken hält uns im Netz des Maya, in der Illusion von Unterschied und Vielfalt gefangen. Es hält uns davon ab zu realisieren, dass es keine Beziehungen gibt, wenn alles Eins ist. Es gibt nur vollkommene Einheit.

Meditation hat kein Ziel und beinhaltet keine Logik. Sie bedeutet *sein*. Wenn du ein Ziel hast, dann hast du eine Beziehung zu diesem Ziel. Meditation hilft uns nicht, ein Ziel zu haben, sondern das Ziel zu *sein*. Es gibt verschiedene Arten von Meditation und viele davon sind ziemlich therapeutisch. Übst du unterschiedliche Meditationsarten regelmäßig aus, wirst du dich entspannter und fokussierter fühlen. Dein Stressniveau wird sich verringern, dein Blutdruck wird sich senken, die Alphawellen deines Gehirns werden zunehmen, deine Konzentrationsfähigkeit wird steigen, dein Blut wird sauerstoffreicher sein, dein Schlafbedürfnis wird abnehmen und du wirst vielleicht länger leben. Meditation ist schwierig, aber sie bewirkt echten Nutzen.

Leute, die Meditation praktizieren, sind keine Masochisten. Sie sind Menschen wie andere auch. Sie möchten, dass es ihnen besser geht und sie sich besser fühlen. Sie möchten ihr Leben verbessern und gesünder sein.

Neben dem praktischen Nutzen ist der grundsätzliche Antrieb zur Meditation, Erleuchtung zu erlangen. Um das zu erreichen, braucht es viele Lebensspannen. Im Hinduismus wird der Prozess der Reinkarnation durch ein sich stetig drehendes Rad von Geburt und Tod symbolisiert – du wirst ins Leiden hineingeboren und stirbst, und dann wirst du wieder ins Leiden hineingeboren und stirbst. Der Zweck von Meditation ist, dich von der ständigen Drehung des Rades zu befreien.

Nun wirst du aber nicht frei, indem du vom Rand des Rades fliegst, sondern indem du ins Zentrum gelangst. Sich *zentrieren* ist in der Meditation sehr wichtig. Denk mal an das Zentrum eines Rades von einem Auto oder einem Fahrrad. Was genau ist dieses Zentrum? Die Achse. Was ist das Zentrum der Achse? Ein Punkt. Und was ist ein Punkt? Nichts. Sogar in der physikalischen Realität ist im Zentrum des Zentrums des Zentrums, zwischen den Molekülen, Atomen, Gluonen, Elektronen und Protonen nichts. Dieses Nichts dreht sich nicht mit dem Rad. Das Nichts ist befreit vom Drehen. Wenn du durch deine Meditation dieses absolute Nichts erreichst, dann realisierst du das absolute Alles. Dann hast du absolute Freiheit erlangt. Du bist vollständig erleuchtet. Du wirst zu Allem, wenn du Nichts wirst.

Eine der gebräuchlichsten Methoden der Meditation ist das *Mantra*. Beim Mantra geht es um die Wiederholung von Worten, die Bedeutung haben. Zuerst werden sie laut wiederholt, dann innerlich. Durch genug Wiederholung werden sie zu einer Schwingung und übersteigen ihre Bedeutung. Diese wird feiner und feiner, bis du schließlich mit jedem Atom des Universums mitschwingst. Die ganze physikalische Materie schwingt, da die Elektronen ihre

Umlaufbahnen wechseln. Wenn du diese Schwingung realisierst, vereinigst du dich mit der gesamten physikalischen Materie des Kosmos und wirst eins mit Allem. Aus diesem Gedanken kommt das New-Age-Konzept der „good vibes" (guten Schwingungen). Gute Schwingungen sind die Schwingungen der Erlösung, die Schwingungen der Einheit in der gesamten Realität. Der Sinn des Mantra ist nicht Anbetung, auch wenn manchmal religiöse Worte verwendet werden. Anbetung hat mit Beziehung zu tun und funktioniert durch Unterschiedlichkeit. Das Ziel des Mantra ist, von Unterschiedlichkeit und Beziehung befreit zu werden und die Einheit des Ganzen zu erkennen. Aus diesem Grund ist das Ziel der Mantra-Meditation die Zerstörung der Sprache. Denn Sprache beinhaltet Beziehungen zwischen unterschiedlichen Dingen. Um erlöst zu werden und totale Einheit zu erlangen, musst Sprache zerstört werden.

Es gibt eine Vielzahl von Mantras. Ein einfaches und eines der gebräuchlichsten beinhaltet die Wiederholung des Wortes *OM*. Ich erinnere mich daran, wie ich es im Kloster skandierte. Dabei atmest du drei Mal pro Minute. Du entleerst und füllst deine Lungen vollständig. Wenn du dann richtig im Fluss bist, scheint es keine Bewegung mehr zu geben. Du weißt nicht, ob du ein- oder ausatmest. Du weißt nicht, ob es Geräusche gibt oder ob Stille herrscht. Alles wird eins.

In meinen Gesprächsrunden zeige ich gewöhnlich ein oder zwei OMs, um den Leuten eine Ahnung zu vermitteln, wie das klingt. Einmal kam nachher ein Philosophieprofessor auf mich zu und sagte: „Als du das OM vorgezeigt hast, spürte ich etwas in mir, etwas Großes. Ich möchte das verstehen können." Ich entgegnete: „Man kann das nicht verstehen. Es verstehen würde heißen, eine Beziehung dazu zu haben und darum geht es nicht beim OM. Es geht darum, eins mit dem OM zu werden."

Der ganze Text lautet *om mani padme hum* und bedeutet „Lob sei dem Kleinod in der Lotusblüte". Lotusblüten wachsen im Schlamm unter Wasser und vermehren sich durch Schösslinge. Manche Arten haben keine Samen, einen langen Stamm und treten durch die Wasseroberfläche hervor.

Wenn du eine Buddhastatue siehst, achte auf den Sockel und du wirst kleine Lotusblütenblätter erkennen. Dies ist ein sehr wichtiges Bild für den Buddhismus. Die Lotusblüte hat Hunderte von Blättern. Zieht man die Blütenblätter auseinander und kommt zum Zentrum, was erhält man dann? Nichts. Das ist das Kleinod der Lotusblüte. Diese Veranschaulichung ist schön und kraftvoll. Buddhismus mag vielleicht nicht perfekt sein, aber auf jeden Fall ist er nicht dumm oder hässlich.

Ein komplexeres Mantra lautet *gate gate paragate parasamgate bodhi svaha*. Es bedeutet „vergangen, vergangen, vergangen jenseits Jenseits, Lob sei dem Kleinod der Lotusblüte". Wiederhole diese Worte jeden Morgen zehn Mal und dein Leben wird sich verändern. Ich kann dir nicht sagen in welcher Weise, aber du wirst sehr wahrscheinlich etwas erleben. Poesie und Symbolismus dahinter sind kraftvoll. Wenn ich diese Worte höre, können mir immer noch die Tränen kommen.

DAS NICHTS DES ZEN

Es gibt viele Arten des Buddhismus wie Mahayana, Theravada, Tantrisch, Lamaistisch, Nichiren-Shōshū, den Reines-Land-Buddhismus und andere. Vertreter jeder Richtung würden dir sagen: „Unsere Art des Buddhismus ist der ursprüngliche, wahre Buddhismus." Im Westen haben wir die gleiche Situation. Es gibt viele Leute die glauben, dass Gott Lutheraner ist, aber wir wissen, dass er Baptist ist. Buddhisten haben keine Probleme, die Christen nicht auch haben.

Weiter oben habe ich bereits erwähnt, dass ich buddhistischer Mönch war, aber genaugenommen war ich ein Zen-Buddhist Mönch. Somit kann ich sagen, dass der Zen-Buddhismus der ursprüngliche, wahre Buddhismus ist. Auf gewisse Art ist Zen wirklich speziell. Die Menschen, die ihn praktizieren, glauben an das *Nichts*. Sie sind keine *Monisten*, sie sind *„Nichts-Isten"*. Dabei handelt es sich nicht um ein negatives, sondern um ein positives Nichts. Zen fragt: Wenn alles auf Eins reduzierbar ist, auf was ist dann Eins reduzierbar? Diese Frage ähnelt der Frage, die von existenzialistischen Philosophen gestellt wird: Warum gibt es überhaupt etwas? Warum gibt es Existenz?

Zen beantwortet diese Frage nicht mit Worten oder logischen Schlüssen, sondern mit erfahrungsgemäßer Erkenntnis. Lass mich versuchen, dir eine Ahnung vom Nichts des Zen zu vermitteln. Nehmen wir an, du sagst: „ Es ist möglich, dass es heute Abend regnen wird." Diese Möglichkeit ist real und sie ist nichts.

Du kannst sie nicht messen, du kannst sie nicht wiegen, du kannst nicht wissen, welche Farbe sie hat. Sie ist nichts. Genauso ist alles, was ist – jeder Gegenstand, jeder Gedanke, jedes Gefühl, jede Handlung - möglich. Gott ist möglich, der Teufel ist möglich, die Erde ist möglich, du bist möglich und ich bin möglich – und doch sind alle diese Möglichkeiten nichts. Möglichkeit ist die Mutter von allem.

Möglichkeit ist hier nicht das gleiche wie Wahrscheinlichkeit. Wahrscheinlichkeit ist etwas, das du beschreiben und messen kannst, Möglichkeit jedoch nicht. Eine der tiefsten Wahrheiten des Buddhismus ist: *Buddha ist Möglichkeit*. Im Sanskrit sagt man, er ist *Tathata*, oder *Solchheit*, oder undifferenzierte Qualität. Der Shakyamuni Siddartha Gautama wird auch Tathagata genannt, was soviel bedeutet wie die *Fleischwerdung der undifferenzierten Qualität*.

Ich habe bei einem Zen-Meister studiert. Er ist über hundert Jahre alt und lehrt immer noch. Er schrieb ein Buch mit dem Titel *Buddha ist das Schwerkraftzentrum*. Dieser Titel passt gut für ein Buch über Zen. Jedes Objekt hat ein Schwerkraftzentrum. Dein Körper, ein Lastwagen, ein Schiff, ein Gebäude – einfach alles. Aber kannst du das Schwerkraftzentrum beschreiben? Welche Farbe hat es? Welche Form? Wie viel wiegt es? Das Schwerkraftzentrum kann mit solchen Begriffen nicht beschrieben werden, da es nur ein theoretischer Punkt ist. In diesem Sinne ist es nichts. Aber es ist wesentlich. Du kannst an Buddha denken als das wesentliche Nichts – oder anders ausgedrückt, als das wesentliche zentrale schwangere Nichts.

Im Zen sagt man: "Wenn du den Buddha siehst, töte ihn." Das bedeutet, *dass, sobald du die Idee hast, absolute Realität sei außerhalb von dir selbst, du diesen Gedanken loswerden musst*. Wie du siehst, kannst du nicht irgendeine Vorstellung von

Buddha haben. Du kannst nicht an ihn, als goldbemalten fetten Kerl im Chinarestaurant denken. Du kannst auch nicht an ihn als einen der stehenden, sitzenden oder liegenden Buddhas denken. Auch nicht als einen der schlanken Buddhas oder der jungen oder alten Buddhas. Du darfst den Buddha nicht sehen. Du musst der Buddha *sein*. Und du darfst nicht der Buddha *werden*, weil du schon immer der Buddha *bist*. Du musst erwachen und die Buddha-Natur realisieren. Dann gibt es Erlösung.

Nun habe ich dir eine kurze buddhistische Predigt gehalten. Ich weiß nicht, ob sich dadurch irgendwer bekehren wird. Ich hoffe, dass du die Kraft und Hoffnung verstehen kannst, die dieser Weltanschauung zugrunde liegen. Und dass du verstehst, warum gesunde und intelligente Menschen sich ihr widmen. Sie sind nicht verrückt. Es gibt viele liebenswerte Menschen, die sich diesem Konzept der Realität verschrieben haben.

DER ZWEITE KREIS

Da ich nicht wirklich lange in diesem zweiten Kreis gelebt habe, kann ich von ihm keinen echten Insider-Einblick geben. Obwohl er als „Weltformel" in Denken und Glauben vieler Menschen breite Verwendung findet, ist er nicht so total absolut wie der erste und der dritte Kreis.

Dieser zweite Kreis, oder zumindest eine Version davon, ist in Korea als *Umyang* bekannt. Leute aus dem Westen sind mehr mit dem chinesischen Ausdruck *Yin* und *Yang* vertraut. Yin bedeutet *dunkel* und Yang *hell* und sie symbolisieren das Konzept, dass die absolute Realität aus Gegensätzen im Gleichgewicht besteht. Vielleicht erkennst du dieses Konzept auch in Verbindung mit Taoismus und Konfuzianismus. Es taucht auch bei anderen Religionen und Philosophien auf und ist ein gutes Symbol für den Dualismus.

Es ist nicht schwer zu erkennen, wie diese Sicht der Realität entstanden sein mag. Wenn wir uns in der Welt umschauen, beobachten wir viele Gegensätze als Teil unserer Erfahrung: hell – dunkel, heiß – kalt, hart – weich, Behagen – Schmerz, scharf – stumpf, auf – ab, süß – bitter, nass – trocken, männlich – weiblich. Dem Dualismus liegt der Gedanke zugrunde, dass das Leben gut ist, wenn Gegensätze in echtem Gleichgewicht sind oder sich miteinander in Harmonie befinden. Andererseits leiden wir, wenn Ungleichgewicht oder Disharmonie herrschen.

Wenn das Wetter zum Beispiel zu trocken ist, leiden wir. Ist das Wetter zu feucht, leiden wir. Ist deine Persönlichkeit zu extrovertiert, leidest du. Bist du zu introvertiert, leidest du. Wenn wir aufgrund von Unausgewogenheiten leiden, dann besteht die Erlösung im zweiten Kreis aus der Wiederherstellung des Gleichgewichtes. Die ursprüngliche Vollkommenheit ist eine perfekte Ausgewogenheit oder Harmonie zwischen gleichwertigen Gegensätzen.

Im Laufe der Geschichte brachte die dualistische Weltanschauung eine Reihe von Therapien und Übungen hervor, die helfen sollen, in verschiedenen Bereichen des Lebens Gleichgewicht herzustellen. Bereiche wie Verhalten, Familie und Gesellschaft, Vergangenheit und Gegenwart.

Der Ahnenkult ist ein Beispiel für das Letztgenannte. Harmonie erreicht man, wenn lebende und in der Gegenwart existierende Menschen toten und in der Vergangenheit existierenden Menschen Respekt zollen. Die gleiche Harmonie kann erzielt werden, wenn junge Menschen, die fast ausschließlich in der Gegenwart leben, alten Menschen, die eher in der Vergangenheit leben, Respekt erweisen. Ebenso sind jüngere Menschen stärker als alte. Das Gleichgewicht zwischen beiden wird abermals durch Respekt erwirkt – der Stärkere erweist dem Schwächeren Respekt. Diese Art Strategie mag nicht immer perfekt funktionieren, aber sie kann Ordnung in eine Gesellschaft bringen.

Dualismus hat auch Ansätze in Architektur und Raumgestaltung durch ein System der Ästhetik – bekannt als *Feng Shui* – beeinflusst. Um in dein Wohnzimmer Harmonie zu bringen, hast du dort vielleicht einen dunkleren Teppich, um Yin-Energie anzuregen und hellere Wände, um Yang-Energie anzuregen. Das Gesamtergebnis wäre eine Balance zwischen gegensätzlichen Energien und ein besseres Wohlbefinden für die im Raum befindlichen Menschen.

Die meisten Strategien und therapeutischen Techniken des zweiten Kreises sind wahrscheinlich zu einem gewissen Grad wirksam. Sie machen das Leben besser. Sie reduzieren Leiden. Sie führen auch zu andersartigen Ansätzen im Falle von Gesundheitsproblemen. Unser Gesundheitswesen im Westen gründet sich typischerweise auf Pharmakologie und Chirurgie. Diese Art der Behandlung ist gewöhnlich *gegen* etwas – gegen

Fieber, gegen Tumore und so weiter. Im Osten beschäftigt sich die Gesundheitspflege mit der Ernährung und der Umwelt und versucht die verschiedenen Elemente unseres Körpers und der Umwelt miteinander in Einklang zu bringen. Westliches Gesundheitswesen konzentriert sich auf das Lösen von Problemen. Östliches Gesundheitswesen konzentriert sich auf die Prävention von Problemen. Beide Ansätze können wirksam sein – Menschen aus Asien leben nicht kürzer oder ungesünder als Menschen im Westen – auch wenn die im Osten verwendeten Methoden für den, dem sie nicht vertraut sind komisch oder dubios erscheinen. Obwohl es oft großes Misstrauen zwischen Menschen aus unterschiedlichen Weltanschauungen gibt, wäre es vielleicht gut, die Weisheit von Ost und West auf gewisse Weise zu kombinieren.

Im Jahr 1975 war ich für kurze Zeit Teil einer Makrobiotischen Gemeinschaft in der Nähe von Boston. Diese Gemeinschaft hatte sich ganz der Idee verschrieben, Gesundheit und Wohlergehen durch Ausgewogenheit von „Yin- und Yang-Nahrungsmitteln" zu erlangen. Die Yin Seite beinhaltet weich, dunkel, süß, freundlich und weiblich. Die Yang Seite ist hart, hell, bitter, streng und männlich. Die Ernährungsweise der meisten Menschen ist zu *yin* mit einer Gewichtung auf Zucker, Fett, Sahne und Alkohol. Um Gleichgewicht zu erreichen, muss man Yang-Nahrung, wie Naturreis, Schwarzwurzel, grüne Blätter und Seetang essen. Irgendwie lebte ich immer in der Angst davor, zu einem Treffen mit Mundgeruch nach Karamelleis zu erscheinen. Die Leute dort erzählten mir davon, dass der Gründer im Alter krank wurde. Nachdem er lange über die möglichen Gründe nachgedacht hatte, kam er zum Schluss, dass sein Ernährungsplan zu Yang war, wovon bisher noch nie jemand gehört hatte. Er wechselte dann für kurze Zeit zu einer Diät bestehend aus Whiskey und Eiscreme, die zu helfen schien. Wir müssen uns mit den unerwarteten und überraschenden Dingen im Leben auseinandersetzen, anstatt sie zu verleugnen.

Dualistisches Denken hatte großen Einfluss auf Kunst, Kultur, Philosophie und Politik. Denken wir nur an die dualistische Grundlage der Hegel'schen und Marx'schen Dialektik, mit ihrer These und Antithese, die durch die Revolution dynamisch interagieren und sich zum Ende, d.h. zur Synthese des Kommunismus bewegen. Diese Konzepte wurden über Jahrzehnte hin im großen Stil ausprobiert, jedoch erwiesen sie sich am Ende des zwanzigsten Jahrhundersts als funktionsuntüchtig. Ich habe den Eindruck, dass Kommunismus sehr religiös ist, da er Glauben an die Vision des Propheten (Marx, Lenin, Mao, Stalin) erfordert. Nur durch die priesterliche oder prophetische Vision des Propheten kann man wissen, welche Richtung die Dynamik der Revolution einschlagen wird. Es hat sich erwiesen, dass die Visionen der kommunistischen Propheten nicht der Realität entsprachen.

Es gibt viele Beispiele für die dualistische Weltanschauung aus dem Bereich der Kunst. Eines der bekanntesten aus dem Bereich Film ist die „*Star Wars* - Serie". Bei *Star Wars* geht es um einen Konflikt zwischen den Kräften des Lichts – in den Originalfilmen symbolisiert durch Luke Skywalker – und den Kräften der Finsternis – symbolisiert durch Darth Vader. Die Lösung und Auflösung der Spannung zwischen diesen beiden gegnerischen Elementen ist *die Kraft* oder eine universelle Energie, die die Quelle von allem ist und sowohl eine helle als auch eine dunkle Seite beinhaltet. Es gibt jedoch ein Problem mit der Kraft als total vereinendes Element. Denn im *Star Wars* - Film triumphiert das Licht schlussendlich über die Finsternis. Mit anderen Worten: obwohl die Weltanschauung des Filmes dualistisch ist, ist der Schluss nicht-dualistisch.

Obwohl Dualismus unsere Geschichte durchdrungen hat und in ein paar praktische Anwendungen bezüglich Gesundheit und ausgewogenem Leben mündete, gibt es einige Probleme mit dem zweiten Kreis. Eines davon ist, dass er nicht absolut zu sein scheint. Was ist der Gegensatz zu einem Fluss? Eine Wüste unterscheidet sich sehr von einem Fluss, aber ist sie ein Gegensatz? Was ist der Gegensatz zu Zeit? Zeit die rückwärts läuft? Ewigkeit? Es gibt viele Unterschiedlichkeiten, aber nicht alles hat einen klaren Gegensatz. Irgendwie ist dieses Absolut vielleicht doch nicht wirklich absolut. Es lässt einige Dinge aus - und so beginne ich, den Dualismus als eine ausreichende Weltformel in Frage zu stellen.

Eine weitere Schwierigkeit ist, dass der zweite Kreis alles beinhalten muss, wenn er wirklich absolut sein soll. Er muss sowohl Freundlichkeit als auch Grausamkeit beinhalten, sowohl Gut und Böse. Wenn jedoch Gut und Böse in ein Gleichgewicht gebracht werden müssen, kann es keinen Sieg geben. Denn sobald es Sieg gibt, herrscht Ungleichgewicht. Das Ziel ist Harmonie, nicht Sieg.

Die westliche Tradition hat lange behauptet, dass es sich bei Gut und Böse nicht um gleichwertige Gegensätze handelt. Am Anfang war das Gute und im ursprünglichen Kontext des Guten entstand das Böse. Von dieser Sichtweise her kann das Böse nicht ohne das Gute existieren, aber das Gute ohne das Böse. Die meisten Menschen hoffen, dass das Gute das Böse überwindet, dass Freundlichkeit Grausamkeit überwindet, dass Liebe Hass überwindet. Aber die dualistische Weltanschauung lässt dafür keinen Raum.

Und letztlich birgt der zweite Kreis das Problem, dass die Harmonie der Gegensätze statisch ist, wenn sie vollkommen und absolut hergestellt ist. Nichts bewegt sich. Falls sich etwas bewegt, wird die Vollkommenheit zerstört. Ist es vollkommen, ist es absolut unbewegt und wenn es unbewegt ist, ist es grundsätzlich Monismus – eine Einheit. Es stellt sich heraus, dass der zweite Kreis eher der erste Kreis ist und nicht eine komplett unterschiedliche und separate Weltanschauung.

DER DRITTE KREIS

Wir können den dritten Kreis, Trinitarianismus, mit zwei Herangehensweisen erkunden. Bei der ersten schauen wir uns in der alltäglichen Realität um und fragen: Was könnte die Ursache dieser Realität sein? Die zweite Herangehensweise verwendet eine der grundlegenden Quellen der westlichen Weltanschauung, die Bibel, um herauszufinden, was sie über die Realität zu sagen hat.

Der erste Ansatz wird *natürliche* Theologie genannt. Er beinhaltet die Dinge, die wir durch alltägliche Beobachtung und Wissenschaft lernen. Der zweite Ansatz nennt sich *offenbarte* Theologie. Offenbarte Theologie sagt uns Dinge über die Realität, die wir nicht aufgrund von alltäglicher Beobachtung und Wissenschaft herausfinden können. Unglücklicherweise werden diese beiden Ansätze, natürliche und offenbarte Theologie, oft gesehen, als wären sie im Wettstreit miteinander. Es gibt Leute auf der einen Seite der Extreme, die darauf bestehen, dass man die Realität nur durch menschliche Beobachtung und systematische Beweisführung verstehen kann. Und dann gibt es Menschen auf der anderen Seite, die extrem argwöhnisch gegenüber der Wissenschaft eingestellt sind und sich fast ausschließlich auf die Bibel stützen. Ich glaube, auf rechte Weise verstanden, ergänzen sich diese beiden Ansätze. Gemeinsam helfen sie uns, unsere Sicht der Realität zu bereichern. Aus diesem Grund werde ich bei der Erkundung des dritten Kreises von beiden Gebrauch machen.

DAS PROBLEM MIT DEN GEGENSÄTZEN

Gemäss dem dritten Kreis entdecken wir, wenn wir uns in der Welt umschauen, sowohl Einheit als auch Vielfalt. Insofern geht es uns so wie den Menschen im ersten Kreis. Aber während die Menschen im ersten Kreis schlussfolgern, dass Einheit gut ist, aber Vielfalt nicht, und dass Einheit real und Vielfalt eine Illusion ist, haben die Menschen im dritten Kreis eine andere Perspektive. Sie betrachten die ursprüngliche Perfektion, genannt Gott, als sowohl vollkommen vereinigt als auch vollkommen vielfältig.

In der Bibel sehen wir eine klare Beschreibung dieser Realität. Gott ist vollkommen vereinigt als ein Gott, und doch ist Gott vollkommen vielfältig in den drei Personen Vater, Sohn und Heiliger Geist. Es gibt Einheit und Vielfalt in der absoluten Realität. Es handelt sich nicht um einen Gott, der sich auf drei Arten zeigt, um den Anschein von Vielfalt zu erzeugen. Und es handelt sich nicht um drei Personen, die es vorziehen, sich zu vereinen und zusammenzuarbeiten, um den Anschein einer Einheit zu erzeugen. Die ursprüngliche Realität ist 100% vereinigt und 100% vielfältig. Es handelt sich um eine 200-prozentige Realität, die nicht durch einfache Logik erfasst werden kann.

Ich habe ein Sprichwort erfunden, um das Wesen dieser Realität aufzuzeigen: *Gott allein ist Gott, und Gott ist nicht allein.* Diese Aussage kann man über keinen anderen Gott oder eine ursprüngliche Perfektion machen. Man kann sagen, *Buddha allein ist Buddha*, aber mehr nicht. Der Rest ist Stille.

Man kann sagen, *Krishna allein ist Krishna* und *Allah allein ist Allah*, aber der Rest ist wiederum Stille. Wenn der Gott des Dritten Kreises mit jemanden sprechen will, spricht er innerhalb seiner selbst, da er drei Personen ist. Ein Gott, der nicht vielfältig ist, könnte innerhalb seiner selbst nicht sprechen. Er müsste etwas anderes erschaffen, womit er reden könnte. Damit er ein personaler Gott sein kann, erfordert es eine Schöpfung. Der Gott des dritten Kreises hingegen ist an sich inhärent personal, unabhängig von seiner Schöpfung. Seine Schöpfung vervollständigt ihn nicht, stattdessen bringt sie ihn zum Ausdruck.

Wenn die ursprüngliche Perfektion sowohl Einheit als auch Vielfalt ist, bedeutet dies, dass es weder ein Problem sein sollte, wenn wir Einheit in der Realität erleben, noch wenn wir Vielfalt in der Realität erleben. Mit anderen Worten, der dritte Kreis erachtet Vielfalt nicht als Ursache des Leidens und eine Loslösung von der Vielfalt nicht als Lösung für das Leiden, wie das der Monismus tut. Ebenso versucht der dritte Kreis nicht, das Leiden durch das Ausbalancieren von Gegensätzen aufzulösen, wie der Dualismus. Stattdessen erkennt der dritte Kreis Variation und Kontrast als Teile der ursprünglichen Perfektion an und daher sind sie ein normaler Teil der Realität selbst.

Neben Einheit und Vielfalt wird Gottes Schöpfung auch auf andere Weise als eine 200-prozentige Realität dargestellt.

Die Ehe zum Beispiel ist eines der Abbilder der Realität, die in der Bibel beschrieben werden. Wir sehen diese Realität zu Beginn der Bibel, im ersten Buch Mose, als Gott Adam und Eva zusammenbringt. Und wir sehen es am Ende der Bibel wieder, beim Hochzeitsmahl des Lammes im Buch der Offenbarung. Ist nun die Ehe mehr männlich oder weiblich? Die meisten Menschen würden sagen, dass es beides gleichermaßen ist.

Heißt das, es ist 50 zu 50? Nein, denn wenn man die Frau aus der Ehe entfernt, bleibt nicht die halbe Ehe übrig. Man hat gar nichts. Die Ehe ist 100% Frau und 100% Mann. Sie ist eine neue Realität, eine 200-prozentige Realität, und die beinhaltet Dimensionalität und Geheimnis.

Das scheint seltsam zu sein, aber die alten Hebräer dachten anders als die Menschen der europäischen Aufklärung und die meisten Menschen heutzutage. Wir neigen dazu, uns die Realität in Form von flachen Kuchendiagrammen vorzustellen, bei denen das Ganze in separate Teile, die zusammen 100% ergeben, aufgeteilt werden kann. Wir können diese Realität in Einheit und Vielfalt aufteilen, oder wir können sie aufteilen in Bezug auf andere „schwierige" Gegensätze, wie Objektivität und Subjektivität oder Vorherbestimmung und Freier Wille. Aber ein Kuchendiagramm wird uns keine solide Lösung für diese Arten von Gegensätzen bringen. Nehmen wir das Beispiel Vorherbestimmung und Freier Wille. Wählt Gott mich, oder wähle ich Gott? Ich könnte nun das Kuchendiagramm mit 50% zu 50% aufteilen. Aber dann denke ich, dass ich Gott nicht ebenbürtig sein sollte. Sollte ich es dann vielleicht nicht besser auf 51% Gott und 49% Ich abändern? Und weiter, sollte es vielleicht 99% Gott und 1% Ich sein, oder vielleicht 100% Gott und 0% Ich, oder vielleicht 100% Ich und Gott macht gerade Urlaub? Nichts von alldem ist natürlich befriedigend. Das Kuchendiagramm funktioniert nicht. Der dritte Kreis erachtet Gott als 100% souverän und die Menschen als 100% verantwortlich. Beide, Gottes Souveränität und der Freie Wille der Menschen sind vollständig real. In dieser geheimnisvollen Ergänzung küssen sich Calvin und Arminius.

Eine weitere Weise, wie man sich den dritten Kreis vorstellen kann, ist in Bezug auf physikalische Dimensionen. Stell Dir Gottes Souveränität als 100% einer zweidimensionalen Fläche und den Freien Willen als 100% einer weiteren zweidimensionalen Fläche vor. Wenn sich diese beiden flachen Scheiben, wie abgebildet schneiden, erhält man eine dritte Dimension, die beide Elemente in einer dreidimensionalen ergänzenden Realität enthält.

Innerhalb dieser Schnittverbindung gibt es keinen Wettstreit oder Widerspruch von Gegensätzen. Sie passen in einer einzigen und komplementären Realität zusammen. Ich denke, es ist passend, dass ein Gott, der aus drei Personen besteht, eine Realität erschafft, die aus mindestens drei Dimensionen besteht.

HUMPTY DUMPTY

Wenn du findest, dass das Konzept von Dimensionen zu trocken und zu geometrisch ist, können wir das Ganze auch mit *Humpty Dumpty* zum Ausdruck bringen. Kennst du Humpty Dumpty? Er war ein englisches Ei. Ich weiß nicht, ob er ein gutes oder ein schlechtes Ei war. Sicherlich aber war er ein tiefsinniges Ei. Humpty Dumpty repräsentiert jeden. Dieses Gute-Nacht-Gedicht erzählt uns, dass Humpty Dumpty auf einer Mauer saß. Eine Mauer hat zwei Seiten. Da ist die Objektiv-Seite und die Subjektiv-Seite. Da gibt es die Vorherbestimmungs-Seite und die Seite des freien Willens und viele andere Gegensätze, welche die Realität ausmachen. Humpty Dumpty fiel von der Mauer. Aber an welcher Seite fiel er hinunter? An der Objektiv-Seite oder an der Subjektiv-Seite? An der Vorherbestimmungs-Seite oder an der Seite des freien Willens? Das wissen wir nicht. Es spielt keine Rolle. Er fiel, und egal an welcher Seite dieser Trennungen du herunterfällst, hat es verheerende Folgen, denn du brauchst beide Seiten für die Realität. Wenn du an einer Seite herunterfällst bist du tot, denn du hast nur die halbe Realität.

Also, Humpty Dumpty fiel – da war er nun, das arme Ei, auf dem Boden zerbrochen und zermatscht.

Kennst du das Gedicht?:

Humpty Dumpty sass auf der Mauer
Humpty Dumpty fiel tief
All des Königs Pferde all des Königs Männer
Konnten Humpty nicht wieder zusammensetzen.

Gute Nacht Kinder! Träumt schön! Wir lachen drüber, aber eigentlich ist es doch schrecklich, oder? Viele Kinderreime sind düster, wahrscheinlich weil das Leben für Kinder so hart sein kann. Diese kleinen Lieder sind ziemlich tiefgründig. Gemäss dem dritten Kreis fehlt dem *Humpty Dumpty* Gedicht eine Zeile. Eine fünfte Zeile gehört zu diesem Gedicht – eine Zeile, die es in ein herrliches und hoffnungsvolles Gedicht verwandeln würde. Diese Zeile lautet:

Aber der König konnte.

Weder die Pferde des Königs noch die Männer des Königs konnten es, aber der König konnte. Die Pastoren, Missionare, Evangelisten und Wissenschaftler konnten es alle nicht, aber der König konnte. Dieser König ist der Gott des dritten Kreises. Er ist die Lösung für die Ursache des Leidens.

Und wie macht er das genau?

SICH AUF EINER BRÜCKE VERLIEBEN

Bevor wir die Lösung für die Ursache des Leidens vollständig verstehen können, müssen wir uns tiefer in den dritten Kreis hineinbegeben. Wir wollen Objektivität und Subjektivität etwas genauer betrachten, denn sie sind in der alltäglichen Realität recht gebräuchliche Konzepte. Die Menschen haben über Jahrhunderte hinweg darüber gestritten, welches der beiden wahrer ist. Während der gesamten europäischen Geschichte haben Wissenschaftler (besonders diejenigen der Aufklärung) an objektive und Künstler an subjektive Wahrheit geglaubt. Heutzutage glauben Modernisten an objektive Wahrheit und Postmodernisten an subjektive Wahrheit.

Wie ich jedoch bereits vorgeschlagen habe, können das Objektive und das Subjektive nicht wirklich voneinander getrennt werden. Betrachten wir doch einmal ein Pult. Schaue ich mein Pult an, sehe ich vier Beine und eine bestimmte Größe und Form. Wenn du mein Pult siehst, dann ist es wahrscheinlich, dass wir über die Größe, die Form und die Anzahl der Beine übereinstimmen, außer du schaust aus einem anderen Blickwinkel und siehst nur drei oder zwei Beine. Würden wir beide je mit einem Lineal die unterschiedlichen Teile des Pultes messen, würden unsere Messungen exakt übereinstimmen (vorausgesetzt wir wären gewissenhaft und aufmerksam). Aber jeder von uns sieht das Pult auch auf subjektive Weise. Wenn ich mein Pult sehe, dann sehe ich das Pult meines Chemielehrers, und ich sehe auch ihn selbst, Herrn Corbett, daneben stehen. Aber du wirst ihn nicht sehen. Du könntest ihn gar nicht sehen. Dass ich beim Anblick meines Pultes vier Beine und Herrn Corbett sehe, ist Teil der

Realität. Meine Wahrnehmung und meine Erinnerungen sind nicht objektiv, aber sie sind wahr – nicht auf objektive Weise wahr, aber auf subjektive Weise. Sie sind nicht falsch.

Wir streiten oft darüber, welche Hälfte der Realität wahr ist. Ich glaube nicht an objektive Wahrheit. Ich glaube aber auch genausowenig an subjektive Wahrheit. Ich glaube, alle Wahrheit ist sowohl objektiv als auch subjektiv. Man kann auch sagen, es gibt akkurate Wahrheit, die objektiv ist und es gibt nichtakkurate Wahrheit, die subjektiv ist. Diese beiden gehören in der Realität auf komplementäre Weise zusammen. Willst du eine Brücke bauen, musst du auf objektive Weise herangehen, indem du bei jedem Abschnitt des Prozesses akkurate physikalische Messungen durchführst. Wenn du das befolgst, wirst du am Ende eine richtige Brücke haben. Du kannst dich aber nicht auf akkurate Weise verlieben. Das ist ein chaotischer Prozess. Eine Liebesbeziehung ist deshalb aber weder falsch, noch ist sie objektiv. Die Objektivität der Brücke ist für jeden gleich, die Subjektivität des Sich-Verliebens aber ist einzigartig und exklusiv. Ein vollständiges Erleben der Wahrheit ist dann vielleicht, sich auf einer Brücke zu verlieben.

Auf ähnliche Weise beinhaltet die Bibel zwei Arten von Wahrheit. Die eine ist akkurate Wahrheit, die andere ist nichtakkurate Wahrheit. Gibt die Bibel historische Fakten wieder, handelt es sich um akkurate Wahrheit. Man kann sie prüfen und Nachforschungen betreiben. Die Gleichnisse Jesu sind jedoch nicht akkurat. Du kannst den Namen des verlorenen Sohnes nicht recherchieren, da er niemals als Tatsache existierte. Die Gleichnisse sind nicht akkurat wahr, aber tiefgründig wahr, als Fenster und Türen einer subjektiven Wahrnehmung in die Realität hinein. Man kann auf einzigartige Weise aus jeglicher Sichtweise heraus und von jedem Umstand her zur Wahrheit der Gleichnisse kommen.

Eine andere Art, ein vollständiges Konzept der Wahrheit auszudrücken, ist zu sagen: „Fakt + Bedeutung = Wahrheit." Fakten sind objektiv, und Bedeutung ist subjektiv. Wenn ich mit Studenten an verschiedenen Themen arbeite, fragen sie mich oft: „Was bedeutet das?" Sie verdrehen dann immer die Augen, wenn ich zurückfrage: „Was bedeutet *Bedeutung*?"

Im grundlegendsten Sinn bedeutet *Bedeutung* Beziehungen. Eine Tatsache an sich hat isoliert keine Bedeutung. Die Farbe Rot hat in sich selbst keine Bedeutung. Sie hat nur Bedeutung in ihrer Beziehung zu Blau oder Grün oder Gelb. Genauso hast du keine Bedeutung in dir selbst, sondern nur durch deine Beziehung zu deiner Umwelt und zu anderen Menschen.

Adam hatte gemäss dem biblischen Schöpfungsbericht keine Bedeutung in sich selbst. Als Gott Adam schuf, sagte er: *Es ist nicht gut, dass der Mensch allein ist.* Adam war nur ein Fakt, nur objektiv, weil sein Gesichtspunkt der einzige innerhalb der Schöpfung war. Wahre Subjektivität erfordert mehr als nur einen Gesichtspunkt. Gott machte Eva und dann war es gut. Dann gab es Subjektivität in der Schöpfung – genauso wie es sie im Schöpfer gibt – als Ergebnis von Beziehung.

Wir können denselben Ausdruck von Bedeutung in Gott sehen. In der ursprünglichen Perfektion des dritten Kreises gibt es drei Personen und diese Personen haben keine Bedeutung in sich selbst.

Die Bedeutung Jesu liegt nicht in Jesus. Die Bedeutung Jesu liegt in seiner Beziehung zum Vater und dem Heiligen Geist. Das gleiche gilt für die anderen Beiden – ihre Bedeutung liegt in ihrer Beziehung zu den jeweils anderen. Sie sehen einander auch aus unterschiedlichen Gesichtspunkten heraus. Der Sohn zum Beispiel sieht den Vater aus einem anderen Gesichtspunkt heraus als der Heilige Geist. Was sie sehen, unterscheidet sich geringfügig voneinander, aber jeder sieht auf vollkommene Weise. Diese Unterschiede sind eine großartige Befreiung. Dies bedeutet, dass wir keine Klone voneinander sein müssen. Wir müssen nicht denselben Geschmack haben. Es darf eine Vielzahl von Gesichtspunkten und Reaktionen geben. Unterschiede in der Perspektive sind Teil der absoluten Realität, der ursprünglichen Perfektion.

Wenn wir entdecken, dass es sich so mit der ursprünglichen Perfektion verhält – ein wahrer Gott, der sowohl objektiv als auch subjektiv ist – dann sollten wir nicht überrascht sein, Objektivität und Subjektivität in unserer Realität zu erleben. Auch sollten wir nicht denken, dass eines davon Leiden verursacht. Doch das tun wir oft. Eine künstlerisch veranlagte Person denkt vielleicht, dass objektive Wahrheit keine Freiheit zulässt und Leid verursacht. Ein Wissenschaftler mag behaupten, dass Subjektivität keine stabile und verlässliche Form bietet und somit die Ursache des Leidens ist. Die Bibel beschreibt eine absolute Wahrheit, die objektiv ein Gott und subjektiv drei Personen ist. Objektivität und Subjektivität gehören in der Realität zusammen. Ihre Beziehung ist nicht wetteifernd, sondern ergänzend.

SICH DER SCHWERKRAFT WIDERSETZEN

Ein anderer Gegensatz, den wir in der Welt sehen, ist Form und Freiheit. Eine gute Illustration dafür ist die Schwerkraft. Die Schwerkraft ist eine der grundlegenden Formen oder Strukturen in der Realität, aber sie gibt uns eine gewisse Freiheit. Gäbe es keine Erdanziehungskraft, würde ich, sobald ich beginne zu laufen, schweben, umherschlingern und wäre bald tot. Form und Struktur sind notwendig. Lass mich diesen Gedanken in folgender Gleichung zum Ausdruck bringen:

Totale Freiheit = Tod

Diese Gleichung hat nichts Postmodernes an sich. Postmodernismus, so wie er gewöhnlich in der westlichen Kultur verstanden und praktiziert wird, erachtet Freiheit als höchsten Wert und betrachtet Spaß und Spiel als Zweck der Freiheit. Aber Freiheit hat eigentlich keinen Wert und kann nicht lebensspendend sein, außer sie geht mit Form einher. Wenn du total frei sein und fliegen willst, kannst du auf ein Hausdach gehen und runterspringen. Du kannst sagen, „ich bin frei!" Aber du wirst nicht frei, sondern tot sein, weil du die Form nicht respektiert hast. Studierst du aber die verschiedenen Formen der Realität – die Gesetze und Eigenschaften, die der Realität Struktur und Form verleihen, wie etwa Schwerkraft, Aerodynamik, Thermodynamik, Metallurgie, Düsenantrieb, Materialbelastbarkeit, Torsion und so weiter – dann wirst du in der Lage sein, ein Flugzeug zu bauen und über den Ozean zu fliegen. Das ist eine großartige Freiheit, aber diese Freiheit ist untrennbar mit der Form verbunden. Freiheit und Form sind in der Realität nicht unabhängig voneinander. Auch ihre Beziehung ist komplementär und nicht wetteifernd.

Wie steht's mit Gott? Die drei Personen verleihen ihm besondere Formen. Die Personen haben nicht die gleiche Form. Die Form des Vaters ist es, zu gebieten und auszusenden. Die Form des Sohnes ist es, zu gehorchen und zu gehen. In gewisser Weise sind ihre Formen entgegengesetzt, aber beide sind Gott. Die Form des Heiligen Geistes ist es, über der Schöpfung zu schweben, wie ein Wind zu wehen und innezuwohnen, Menschen zu lehren und zu ermächtigen. Wenn jede dieser Personen seiner Form gegenüber treu ist, dann ist sie auch frei, Gott zu sein. Sollte aber einer von ihnen seiner Form gegenüber untreu sein, würde die Schöpfung zerstört werden, denn die Schöpfung ist abhängig von der Form des Schöpfers. Ist der Schöpfer untreu gegenüber seinem eigenen Charakter, ist die Grundlage nicht mehr vorhanden. Sowohl die Freiheit als auch die Form Gottes sind ewig. Sie müssen beide durch seine ständige Entscheidung beständig sein. Daher ist Gott nicht einfach automatisch so wie er ist. Er entscheidet sich, seinen Formen gegenüber treu zu sein und das kostet etwas. Am eindrücklichsten sieht man diese Kosten im Garten Gethsemane. Indem Jesus in die Schöpfung kam, um für sie zu sterben und sie dadurch zu retten, bleibt er treu gegenüber der Form seines Versprechens. Nun ist der Augenblick dafür gekommen und er merkt, dass er eigentlich nicht will. Er betet zum Vater und sagt, *bitte lass es anders geschehen, falls es irgend anders möglich ist.* Beim Beten tritt Blut aus seiner Haut hervor und fließt auf den Boden. Er erlebt intensiven Stress. Was bedeutet das?

Es bedeutet, dass er kämpft. Dass er nicht wie ein Automat funktioniert. Er ist Gott, arbeitend, dienend, gebend, betend, damit er er selbst sein kann, für sich und uns. Es gibt keinen anderen Gott wie diesen.

Wenn Form und Freiheit ein Teil der ursprünglichen Perfektion sind, dann sind sie nicht die Ursache des Leidens. Mit anderen Worten: obwohl wir im Leben durch verschiedene Grade von Freiheit oder Form leiden, werden wir nicht Rettung finden, indem wir einfach alle Formen oder Strukturen los werden oder indem wir uns nur auf Freiheit und Möglichkeiten ausrichten. Wir brauchen beides im Leben, Form und Freiheit, denn sie sind Teil der ursprünglichen Perfektion.

WANDEL, ZEIT UND EWIGKEIT

Dynamik ist ein weiterer Aspekt des dritten Kreises. Dynamik bedeutet, dass Dinge nicht statisch sind. Sie verändern sich in Beziehung zueinander. Die Realität beinhaltet ein „Davor", ein „Während" und ein „Danach". Im ersten Petrus Brief wird uns gesagt, dass der Sohn vom Vater erwählt wurde, in die Welt zu kommen und sie zu retten, bevor die Welt gemacht war. Mit anderen Worten – bevor Raum und Zeit existierten – gab es ein „Vor-dem-Erwählen", ein „Während-dem-Erwählen" und ein „Nach-dem-Erwählen".

Dynamik geschieht in zwei Abfolge-Matrizen. Ich meine *Matrix* im Sinne des Films *Matrix*: eine Umgebung oder ein Kontext, in dem Dinge geschehen. Wasser ist die Matrix von Tee, was bedeutet, dass Tee in Wasser geschieht. Cyberspace ist die Matrix von Email, das heißt, Email geschieht im Cyberspace. Die Matrix von Abfolge *im Raum* ist die Zeit. Das bedeutet, dass alles was passiert, in der Zeit passiert. Die Matrix von Abfolge *außerhalb* des *Raums* ist die Ewigkeit. Viele Leute denken, dass Ewigkeit unendlich viel Zeit bedeutet, aber das ist nicht die Art und Weise, wie die Bibel Ewigkeit beschreibt. Ewigkeit ist eine separate Abfolge-Matrix, worin jeder Punkt in der Zeit zu jedem Punkt in der Ewigkeit gegenwärtig ist. Aus diesem Grund ist Prophezeiung möglich. Gott lebt innerhalb der Ewigkeit und von jedem Punkt der dynamischen Matrix der Ewigkeit ist alle Zeit gegenwärtig.

Diese Perspektive über die absolute Realität unterscheidet sich von dem, was wir bei Monismus und Dualismus sehen.

Monismus erachtet Dynamik als illusorisch und irreal. Dualismus sieht in der Harmonie von Gegensätzen die ursprüngliche Perfektion, die, wenn sie absolut sein soll, statisch und unwandelbar ist. Aus der Sicht des Zen würde man sagen, *ich trete ins Wasser ein und mache keine Wellen, weil alles immer dasselbe ist.* Es gibt keine Bewegung.

Der dritte Kreis betrachtet Dynamik als einen realen und nichtillusorischen Teil der absoluten Realität. Gott ist dynamisch und seine Schöpfung ist dynamisch. Aus diesem Grund kann Dynamik nicht als Ursache des Leidens gesehen werden.

ICH UND WIR

Ein weiteres Hauptelement des dritten Kreises und eines, das Christen besonders gerne betonen, ist, dass Gott ein persönlicher Gott ist. (Im Sinne des Autors ist hier auch *personal* gemeint, wird aber zugunsten des Wortspiels hier anders übersetzt.) Ich kann dieser Aussage nicht genug zustimmen. Aber Gott ist nicht persönlich, weil ich persönlich an ihn glaube. Er ist ein persönlicher Gott, nicht weil ich eine persönliche Beziehung zu ihm habe. Gott war bereits ein persönlicher Gott, bevor ich geboren war. Dass er persönlich ist, ist vollständig unabhängig von der Schöpfung und kommt daher, dass dort drei Personen sind, die miteinander Beziehung haben.

So gesehen sagt uns Gottes Wesen etwas darüber, wie wir Persönlichkeit verstehen müssen. Die meisten psychologischen Modelle stellen Persönlichkeit als eine Beschreibung des Individuums dar. Von der Kirche wurde das gleiche Modell adoptiert, welches Menschen in Form von Körper, Seele und Geist definiert. Das Problem damit ist, dass es dabei nur um das Individuum geht, wohingegen die biblische Beschreibung der Person eine vorrangige Betonung auf Beziehung legt.

Man sieht diese Realität in Gottes eigenem Wesen, als separate Personen in Beziehung zueinander. Und man sieht es zu Beginn der Schöpfung, als Gott Menschen nach seinem Ebenbild schuf. Als Adam alleine war – als er sich selbst wahrnam, seine Umwelt wahrnahm und daher die Tiere benannte – war er doch nicht personal, da er keine Beziehungen innerhalb der Schöpfung hatte. Er konnte mit Gott, der außerhalb der Schöpfung ist, in Beziehung treten.

Aber innerhalb der Schöpfung war das Ebenbild Gottes unvollständig, solange, bis es „wir" oder „uns", statt „ich" oder „mir" hieß. Das Ebenbild Gottes hat das „wir" der Beziehungen als Grundlage. Ebenso gibt es in einer rechten Beziehung zwischen Mann und Frau, so wie Gott sie ursprünglich geplant hat, eine dritte Person – ein Kind. Gott ist drei Personen und so kommt auch sein Ebenbild als Dreier-Set daher.

Die Betonung auf Beziehung bedeutet nicht, dass das Individuum nicht zählt oder dass die individuelle Identität irgendwie verloren geht. Die Individualität bleibt vollständig erhalten, aber sie wird zuallererst und vorrangig im Kontext von Beziehung verstanden. Persönlichkeit bedeutet ein selbstwahrnehmendes Wesen mit Bewusstsein in Beziehung mit anderen selbstwahrnehmenden Wesen mit Bewusstsein. Es mag schwierig sein, diese Perspektive der Person anzuerkennen. Sie scheint die Sache vom falschen Ende her aufzuzäumen.

Viele von uns würden es vorziehen, uns selbst zuerst durch unsere Identität und persönlichen Eigenschaften und dann erst durch unsere Beziehungen zu definieren. In den Anfangszeilen des Johannesevangeliums wird uns folgendes gesagt:

Im Anfang war das Wort, und das Wort war...
Wie endet der Satz?

Leute, die diesen Vers nicht kennen, erwarten dass es heißt:
... und das Wort war Gott.

Aber so lautet der Vers nicht. Sondern:
... und das Wort war bei Gott, und das Wort war Gott.

Beziehung kommt zuerst, dann die Identität.

Beziehung geht Identität voraus.

DU MUSST JEMANDEM DIENEN

Wenn Beziehung Teil der absoluten Realität ist, kann sie nicht die Ursache des Leidens sein. Mit Beziehung gehen einige andere Elemente einher. Eines davon ist Hierarchie. Hierarchie hat mit Autoritätsbeziehungen zu tun. Das bedeutet, dass manche Individuen unter bestimmten Umständen Autorität haben – die Macht und Verantwortung, Realität zu beschreiben – während andere unter Autorität stehen. In unserer Kultur fühlt sich Autorität schlecht an. Sie ist politisch inkorrekt. Jedoch ist Hierarchie aus biblischer Sicht Teil von Gottes Natur und muss somit ein Teil der Realität selbst sein.

Ein Beispiel für Hierarchie ist die Beziehung zwischen Eltern und ihren Kindern. Eltern haben Autorität über ihre kleinen Kinder. Sie besitzen die Autorität, Zubettgehzeiten und Ernährungsweise festzulegen und vorzuschreiben, dass im Garten gespielt wird und nicht auf der Strasse. Kleine Kinder brauchen diese Autorität, die ihnen die Realität beschreibt, um zu überleben. Sie können für sich selbst die Realität nicht ausreichend beschreiben. Wer ist in dieser Beziehung nun mehr Mensch, die Eltern oder die Kinder? Natürlich, antwortest du, sind beide gleichermaßen Mensch. Aber bei anderen Beziehungen zögerst du vielleicht. Beim Chef und dem Angestellten, wer ist mehr Mensch? Wenn du auf der einen Seite schöne, erfolgreiche Leute hast und hässliche Versager auf der anderen, wer ist dann mehr Mensch? Oder reiche und arme Menschen – wer ist mehr Mensch? Da werden wir leicht unsicher. Wir denken, dass in hierarchischen Beziehungen manche Leute echter oder wertvoller sind als andere. Dieses Konzept gehört jedoch zur Kultur einer gefallenen Welt. Es gehört zur Kirche einer gefallen Welt. Es ist kein Konzept, das Gott für uns will.

Hierarchie hat nichts mit Ungleichheit von Wert oder Bedeutsamkeit zu tun. In Gott gebietet der Vater und der Sohn gehorcht, und beide sind gleichermaßen Gott. Der Sohn ist kein Gott in Ausbildung, der auf sein Diplom wartet. Er ist kein Junior-Gott, der darauf wartet, sein Reifezeugnis entgegenzunehmen. Er ist vollständig und ewig Gott und er gehorcht. Dieses Gottesbild passt nicht in unsere gegenwärtige Kultur, weil wir denken, dass wir mehr Mensch und lebendiger sind, wenn wir gebieten und weniger Mensch sind, wenn wir gehorchen. Das kann aber nicht stimmen, wenn wir in Gottes Ebenbild geschaffen sind. Zu gehorchen ist genauso göttlich wie zu gebieten. Somit ist gehorchen genauso menschlich wie gebieten. Leider werden Hierarchie und Autorität schrecklich missbraucht und das verursacht großes Leid. Wenn Hierarchie jedoch ein Teil Gottes ist, dann kann sie an sich nicht die Ursache für das Leiden sein. Bob Dylan hat recht, wenn er sagt, *du musst jemandem dienen.*

Die Bibel beschreibt fünf grundlegende Autoritätsbeziehungen. Ehemänner und Ehefrauen, Eltern und Kinder, Herren und Sklaven (oder in heutigen Begriffen Arbeitgeber und Arbeitnehmer), der Staat und die Bürger, Kirchenleiter und Mitglieder. Dies deckt die meisten Haupthierarchien des Lebens ab. Entsprechend der Bibel hat uns Gott diese Hierarchien gegeben und sie sind gut. Doch sie sind fehlerhaft. Wir erleben in all diesen Beziehungen Leidvolles. Sie funktionieren nicht richtig. Manchmal, wenn eine Beziehung nicht richtig funktioniert, denken wir, dass die Lösung wäre, die Beziehung zu beenden. Im Westen erleben wir Ehe als problematisch. Viele Leute glauben, dieses Problem lösen zu können, indem sie nicht heiraten. Doch ich denke nicht, dass dies eine Lösung ist, denn diese Art der Beziehung ist von Gott gegeben.

Es hilft nicht vorzugeben, Ehe sei perfekt. Es braucht Arbeit an der Ehe, um eine Beziehung von Liebe und Unterstützung aufzubauen. Wir müssen auch aufpassen, dass wir nicht annehmen, dass der Ehemann, weil er Autorität besitzt, mehr Wert hat und echter ist als die Ehefrau. Wir dürfen nicht voraussetzen, dass Autorität den Missbrauch von Macht rechtfertigt. C.S. Lewis sagt in seinem Buch *„Was man Liebe nennt"*, dass der Ehemann und Vater einer Familie eine Krone tragen sollte und diese Krone sollte eine Dornenkrone sein. Ich denke, das ist ein gutes Bild. Er trägt eine Krone und blutet. Er leidet. Er trägt die Last. Das ist doch ein interessanter Vergleich. Werfen wir einen Blick in die Bibel, so sehen wir, wie Paulus uns lehrt, dass der Ehemann zu seiner Frau wie Christus sein soll. Das bedeutet, er soll sterben, um sie schön zu machen. Das ist ein extremes Bild. Das ist politisch inkorrekt. Das passt nicht in unsere Welt. Es klingt lächerlich. Aber so sagt es uns die Bibel. Hier haben wir einen Konflikt zwischen einer Aussage der Bibel und der Welt, in der wir leben - und wir müssen über diesen Konflikt nachdenken und mit ihm ringen, um den richtigen Weg zu finden.

SCHAU, PAPI, SCHAU!

Ein weiterer Aspekt von Beziehung und des dritten Kreises sind Bedürfnisse. Wir alle haben Bedürfnisse. Wir müssen essen und trinken, wir brauchen Wärme und ein Dach über dem Kopf. Aber mehr noch als all das, brauchen wir es, gesehen zu werden. Man sieht das bei kleinen Kindern. Den ganzen Tag lang rufen Kinder: „Schau, Papi, schau!" Und wenn sie wählen können zwischen Mittagessen und ob Papi schaut, gewinnt immer das Erlangen von Papis Aufmerksamkeit, weil das ein stärkeres Grundbedürfnis ist. Von Papa oder Mama oder anderen wichtigen Personen gesehen zu werden, ist wichtiger als zu essen. Und wenn Papa oder Mama nicht schauen, weil sie dauernd in der Arbeit oder geschieden oder betrunken oder im Gefängnis oder tot oder ständig auf Missionsreise sind, dann wird dieses Bedürfnis nicht gestillt. Das Kind ist dann schrecklich verkorkst und leidet. Dies beschreibt einen jeden von uns.

Wir müssen auch gehört werden. Noch bevor ein Kind sprechen kann, macht es Lärm, gurrt und brabbelt, um gehört zu werden. Für Kinder ist es schmerzhaft, wenn sie nicht gehört werden. Auch als Erwachsene brauchen wir noch Menschen, die uns zuhören, wenn wir sprechen, sogar, wenn sie nicht mit uns übereinstimmen. Es ist zutiefst frustrierend, nicht gehört zu werden. Es setzt unser Menschsein herab.

Wir haben auch das Bedürfnis, einen Unterschied zu machen. Wir müssen eine Wirkung auf diese Welt ausüben. Wenn ein Kind ein paar Bauklötze aufeinanderstellt, sind sie nicht mehr so wie vorher. Sie sind anders. Das Kind kann sagen: *„Ich hab das gemacht"* – und dann wieder umstoßen. Dann ist es wieder anders. Manchmal sind die Bedürfnisse von Kindern unbequem, dann etwa, wenn sie die Wände mit Lippenstift vollschmieren, woran man wiederum erkennt, dass sie das Bedürfnis haben, einen Unterschied zu machen. Das zieht sich durch unser ganzes Leben. Wenn wir Brot backen, dann brauchen wir Leute, die es essen. Wenn wir ein Haus bauen, sollten Menschen darin wohnen. Wo ich gewesen bin und gelebt habe, sollte es anders sein, als wenn ich nicht dort gewesen wäre. So hat Gott uns gemacht.

Verwandt mit all diesen Bedürfnissen ist das Bedürfnis, gewollt zu sein. Wir brauchen es, dass Menschen zu uns sagen: „Komm, sei bei mir, sei bei uns, du bist willkommen".

Warum haben wir diese Bedürfnisse? Sind sie ein Ergebnis der Sünde? Kommen sie vom Teufel? Sind diese Bedürfnisse etwa Versuchungen? Du sagst vielleicht, wir hätten diese Bedürfnisse, da wir nur Menschen sind. Aber wer definiert was es heißt, Mensch zu sein? Gemäß dem dritten Kreis, sind die Menschen nach Gottes Bild geschaffen. Ihre Bedürfnisse kommen von Gott, weil Gott diese Bedürfnisse hat. Vielleicht hast du nie von Gott gedacht, dass er Bedürfnisse hat. Nicht, dass Gott etwas von uns braucht. Eher hat er Bedürfnisse in sich selbst, und zwar genau die gleichen wie wir – gesehen zu werden, gehört zu werden, einen Unterschied zu machen, gewollt zu sein. Aber Gott leidet nicht wegen dieser Bedürfnisse. Für Gott sind diese Bedürfnisse reine Freude, weil Bedürfnisse die Grundlage für Vertrauen und Liebe sind. Ein Bedürfnis, das nur von einer anderen Person gestillt werden kann, erfordert, dass du der Person vertraust, die es stillen kann. Gäbe es keine Bedürfnisse, gäbe es auch kein echtes Vertrauen und keine echte Liebe.

Bevor es die Schöpfung gab, als es also nur Gott gab, existierte bereits Vertrauen und Liebe in der Realität, denn es gab bereits die Befriedigung der Bedürfnisse, gesehen und gehört zu werden, einen Unterschied zu machen und gewollt zu sein.

Jede der drei Personen Gottes stillt die Bedürfnisse der anderen Personen, indem er sich selbst für die anderen entleert. Jesus entleert sich für den Vater und den Heiligen Geist. Aus diesem Grund ist für Jesus das Zentrum der Realität nicht in Jesus, sondern im Vater und im Heiligen Geist. Jede der Personen Gottes ist in gleicher Weise auf den anderen, statt auf sich selbst zentriert. Dies ist die biblische Beschreibung von absoluter Realität: ein komplett auf andere zentrierter Gott. Dieses Auf-andere-zentriert-sein ist die Quelle von Gottes Energie. Denn während eine jede der Personen Gottes sich einmal entleert, wird sie durch die anderen zweimal gefüllt. Diese Energie wächst exponential an. Sie wurde so groß, dass Gott sagen konnte: *„Es werde Licht!"* und das Universum geboren wurde. Die Bibel gibt dieser Energie einen Namen, wenn sie sagt, Gott ist Liebe. Sie ist dieses auf-andere-zentrierte Entleeren und Füllen, ein unaufhörliches Aufbauen von Energie. Sie ist die Energie des Lebens. Sie ist die Grundlage der ganzen Realität.

Es ist bemerkenswert, dass die Bibel nicht sagt: *Gott ist liebend*, oder *er liebt*, obwohl das auch wahr ist. Es ist sehr viel radikaler – Gott *ist* Liebe. Beachte, dass es auch heißt: *Gott ist gerecht*, aber nicht „Gott ist Gerechtigkeit", weil er auch gnädig ist. Und es heißt nicht: „Gott ist Gnade", weil er auch gerecht ist. Aber wenn es heißt, *Gott ist Liebe*, steht das in keinem Kontrast zu etwas anderem. Liebe ist die totale Realität von Gottes Wesen.

Genauso wie Gott vollständig auf andere ausgerichtet ist, sollen auch wir das sein. Als Adam alleine war, innerhalb der

Schöpfung, sah Gott, dass dies nicht gut war. Also machte er Eva. Mit dieser Beziehung konnte Adams Identität jetzt vollständig außerhalb seiner selbst sein. Das Zentrum Adams lag nicht in Adam. Es lag in Eva und in Gott. Das Zentrum Evas lag nicht in Eva. Es lag in Gott und Adam. Die Schöpfung reflektierte den Schöpfer. Aus diesem Grund haben wir, so wie Gott auch, Bedürfnisse. Und aus diesem Grund sehnen wir uns danach, dass diese Bedürfnisse gestillt werden, innerhalb unserer Beziehungen miteinander und mit Gott, geprägt durch Liebe und Vertrauen.

Wenn Bedürfnisse Teil der ursprünglichen Perfektion sind, können sie nicht die Ursache für das Leiden sein. Wir können tatsächlich leiden, wenn unsere Bedürfnisse nicht gestillt werden, aber Bedürfnisse an sich sind nicht der elementare Grund, warum Dinge in unserer Welt schief laufen.

Bis hierher haben wir nebst Bedürfnissen die Themen ‚Einheit und Vielfalt', ‚Objektivität und Subjektivität', ‚Vorherbestimmung und Freier Wille', ‚Form und Freiheit', ‚Dynamik', ‚Persönlichkeit' und ‚Beziehung und Hierarchie' betrachtet und festgestellt, dass entsprechend dem dritten Kreis *keines davon* die wirkliche Ursache für das Leiden in der Welt ist.

Was ist es dann also? Und was ist die Lösung?

EIN SCHWARZES LOCH IM HERZEN

Im ersten Buch Mose wird uns erzählt, dass Gott den Baum der Erkenntnis von Gut und Böse zu Adam und Eva in den Garten stellte. Und Gott sagte: *„Esst nicht die Frucht dieses Baumes. Ihr dürft Gut und Böse nicht von euch selbst heraus kennen. Ihr müsst darauf vertrauen, dass ich euch das erkläre".*

Du fragst dich vielleicht, warum Gott ihnen die Option, von der Frucht zu essen, überhaupt gab. Warum sie nicht davor bewahren? Warum nicht einen Stacheldrahtzaun um den Baum ziehen? Wie schon vorher erwähnt, liegt der Grund darin, dass Gott nicht automatisch ist und daher kann seine Schöpfung auch nicht automatisch sein. Genauso wie Gott frei ist, sich zu entscheiden – und er entscheidet sich immer dazu, treu zu sich selbst zu sein – haben wir als Ebenbild Gottes die gleiche Entscheidungsfreiheit erhalten - die Entscheidung zu vertrauen und von ihm abhängig zu sein. Also besteht die Möglichkeit, dass wir uns falsch entscheiden können.

Ich sollte vielleicht herausstreichen, dass, wenn Gott nicht automatisch ist, die Möglichkeit existiert, dass auch *er* sich falsch entscheidet. Es steht niemand hinter Gott, der ihn zwingt, seine Versprechen zu halten. Gott muss sich selbst dazu entschließen. Wie ich schon früher angedeutet habe, sieht man die Möglichkeit für eine falsche Entscheidung im Garten Gethsemane. Wäre es unmöglich gewesen, dass Jesus sein Versprechen bricht, hätte er nicht Blut geschwitzt. Er hätte nicht gebetet: *„Bitte, lass es anders kommen, wenn es geht".* Man sieht die gleiche Möglichkeit bereits ein paar Jahre früher in Jesu Leben, als er in der Wüste vom Teufel versucht wird. Die Versuchung wäre komplett bedeutungslos gewesen, hätte es da nicht die Möglichkeit gegeben, dass Jesus ihr nachgibt. Dass Gott nie seine Versprechen bricht und sogar starb, um sie einzuhalten, ist zum Glück eine klare Bestätigung dafür, dass er immer treu sein wird.

So ist der Ursprung der Möglichkeit zum Bösen in Gott, aber es ist nichts Böses in Gott. Die Geschöpfe, die Gott nach seinem Bild schuf, haben auch diese Möglichkeit, und ihre Entschlüsse haben oft in Tragödien geendet. Das bekannteste Beispiel dafür ist der Teufel. Zu einer bestimmten Zeit war er der schönste aller Engel, aber er hat sich entschieden, sich von Gott abzuwenden. Ist dir schon mal aufgefallen, dass der Teufel nur eine Person ist, wohingegen Gott drei Personen ist? Der Teufel ist eins, weil er ausschließlich selbstzentriert ist. Es ist seine absolute Selbstzentriertheit, die ihn in absoluter Weise böse macht.

Gemäß erstem Buch Mose kam der Teufel im Garten Eden zu Eva und sagte: *„Hat Gott wirklich gesagt, ihr sollt nicht essen?"* *„Oh nein"*, antwortete Eva, *„wir können alles essen was wir wollen, wir können nur nicht von diesem Baum essen"*. Darauf sagte der Teufel: *„Wenn ihr von diesem Baum esst, werdet ihr wie Gott sein, denn Gott kennt Gut und Böse und ihr werdet auch Gut und Böse kennen. Ihr müsst dann nicht Gott belästigen, damit er euch das erklärt. Ihr werdet es dann selbst wissen. Du kannst dann unabhängig sein. Du kannst eine emanzipierte Frau sein"*. Für Eva erschien das attraktiv. Sie war intelligent, sie hatte ein abenteuerlustiges Temperament. Sie warf noch einmal einen Blick auf den Baum und sah, dass die Frucht sehr anziehend war. Sie wusste, dass sie, wenn sie davon essen würde, wirklich die Erkenntnis von Gut und Böse haben und autark sein würde. Sie würde Gott nicht brauchen, um ihr das zu erklären.

Nachdem sie davon gegessen hatte, gab sie auch Adam etwas davon und auch er aß davon. In diesem Moment sind beide gestorben. Ich meine damit nicht, dass sie einen Herzinfarkt hatten und umfielen, sondern dass ihre Beziehung und ihre Identität starben. Sie erkannten, dass sie nackt waren. Sie wussten, dass sie füreinander eine Bedrohung darstellten. Es gab kein Vertrauen mehr. Sie vertrauten Gott nicht und konnten einander nicht vertrauen. Als ihre Beziehung starb, waren sie tot. Ihre wahre Identität lag nicht in ihnen selbst, sondern in ihrer Beziehung.

Adam und Eva erkannten, dass sie ein Problem hatten - und manchmal denke ich, sie hätten sich an den Händen nehmen, zu Gott gehen können und sagen: „Vater, wir haben ein Problem. Kannst Du uns helfen?" Aber das haben sie nicht getan, weil sie verrückt geworden waren. Ihr Denken war vom Grunde her verdreht und in Unordnung. Anstatt die Lösung beim Schöpfer zu suchen, griffen sie in die Schöpfung. Sie fanden Feigenblätter und banden sie zusammen, um ihre Sexualität zu verbergen, weil sie das wahrscheinlich am meisten verstörte und bedrohte. Wir sehen bei diesem Griff in die Schöpfung für eine Lösung auch die Geburt des *Naturalismus*, dem Glauben, dass wir uns zur Lösung unserer Probleme der physischen Welt zuwenden sollten.

Gott kam in den Garten und rief nach Adam. Warum wollte er mit Adam reden, wenn doch Eva den ersten Biss genommen hatte? Man sieht hier die Wirkungsweise von Hierarchie. Adam war bei Eva, als sie es tat und er war für sie verantwortlich. Darum will Gott von Adam wissen was geschah. Das ist politisch inkorrekt, aber so macht Gott das.

Gott konfrontiert Adam mit einer wunderbaren Frage: „*Wo bist Du?*" Uns ist klar, dass Gott alles weiß. Diese Frage ist nicht dazu da, damit Gott Informationen einholen kann. Diese Frage soll Adam dazu bringen, sich selbst zu fragen, wo er steht.

Adams Antwort ist gut, als er entgegnet: *„Ich fürchte mich, ich bin nackt und verstecke mich".* Das traf alles zu. Das war seine Situation.

Dann stellt Gott seine zweite Frage: *„Wer hat dir gesagt, dass du nackt bist?"* Mit anderen Worten: „Was sind deine Quellen und warum hast du ihnen geglaubt?" Er fragt auch: *„Hast du von der Frucht gegessen, von der ich dir sagte, dass du sie nicht essen sollst? Hast du dir diese Furcht, diese Nacktheit und dass du dich verstecken willst, selbst eingebrockt?"* In diesem Fall konnte die Antwort Adams nicht schlimmer ausfallen. Er sagt: *„Die Frau, die du mir gegeben hast, hat mir die Frucht angeboten. Es ist deine Schuld und ihre Schuld".* Mit anderen Worten: „Ich bin ein Opfer". Hier begannen Opfermentalität und Verleugnung. „Ich bin nicht verantwortlich, ich bin ein Opfer. Ich brauche keine Vergebung, ich bin im Recht. Ich muss nicht bekennen und Busse tun".

Diese Einstellung blieb in der menschlichen Rasse sehr beliebt.

Gott bekleidete sie dann mit Tierfellen. Er tötete Unschuldiges und bedeckte Adam und Eva durch unschuldiges Blut. Dies war eine sichtbare und angewandte Prophetie der Kreuzigung. Hier wie auch anderswo in der Bibel kann man sehen, wie der Gott des dritten Kreises kein passiver und stiller Gott ist. Er ist kein New Age Elefant. Er ist aktiv und kommunikativ. Von Beginn an ist er seiner Schöpfung zutiefst verpflichtet und arbeitet treu auf ihre Errettung hin.

Errettung ist notwendig, denn seit Adams und Evas Untreue leben wir im Zustand der Selbstzentriertheit. Der Mensch ist implodiert wie eine Supernova – wie ein riesiger Stern, der zuerst explodiert, dann die Richtung umkehrt und zusammenfällt zu einem Schwarzen Loch, dessen Anziehungskraft so stark ist, dass nicht einmal Licht davor ausweichen kann. Alles wird hineingesogen. Tot-Sein ist nichts anderes als diese Selbstzentriert. Sie ist das, was es bedeutet, ein Sünder zu sein. Es ist eine verheerende Situation und aus der Sicht des dritten Kreises ist das die Ursache des Leidens in der Welt.

DIE LÖSUNG

Wie kommen wir nun aus diesem Schlamassel heraus? Die Lösung ist, dass der Schöpfer selbst in die Schöpfung eintritt und einer von uns wird, ein Mensch aus Fleisch und Blut. Daher die Geburt Jesu: *Fröhliche Weihnacht!* Während er nun als Schöpfer in der Schöpfung ist, in Zeit und in Ewigkeit, natürlich und übernatürlich, Mensch und Gott, immanent und transzendent, macht er folgendes: Er entleert sich selbst, buchstäblich: Er opfert sein Leben, indem er es zulässt, dass sein Körper an ein Holzkreuz genagelt wird, so dass sein Blut für andere vergossen werden kann. Jesus gab sich selbst, entleerte sich selbst, nicht für sich, sondern für andere. Dies war und bleibt die ultimative und erstaunlichste auf-andere-zentrierte Handlung in der gesamten Geschichte.

Die Kreuzigung Jesu war nicht nur ein Konzept. Sie war keine symbolische Geste. Sie war ein wirkliches physisches Entleeren für andere. Jesus rettete uns mit seinem Blut. Wir sind zerbrochen und Gott kam in die Schöpfung und entleerte sich selbst. Die Kraft dieses Entleerens, die ein Sterben des Selbst bedeutet, tötet den Tod. Der Tod wurde am Kreuz getötet. Der Tod den Jesus starb, hatte seine Ursache nicht in Sünde. Er wurde nicht durch Selbstzentriertheit verursacht. Der Tod den Jesus starb, wurde durch vollkommene Liebe verursacht, und so war dieser Tod vollkommen und verschlang siegreich den Tod.

Dieses Verhalten ist typisches Gott-Verhalten. Es ist das grundlegende Wesen Gottes. Gott ist Liebe, und gemäss dem ersten Johannesbrief ist Liebe ein Sühneopfer. Sühne bedeutet *Wiedergutmachung* im Sinne von „*es möglich zu machen, zusammen zu sein*". Unsere Sünde, unsere Selbstzentriertheit, trennt uns von Gott, voneinander und vom Rest der Schöpfung. Jesus kam, um Sühne zu vollbringen, so dass wir zusammensein können. Jesus zeigt uns, was es heißt, Ebenbild Gottes zu sein.

Beachte, dass Jesus nicht auf der Erde und auch nicht im Himmel starb. Er hing am Kreuz, in der Mitte ausgebreitet: Er überbrückt Himmel und Erde. Zu der damaligen Zeit wurde der römische Kaiser *Pontifex Maximus* – der Große Brückenbauer – genannt. Dieser Titel passt jedoch besser zum gekreuzigten Christus, der den Schöpfer und die Schöpfung, Ewigkeit und Zeit, das Immanente und Transzendente verbindet. Er bringt alle Dinge durch die Kraft seines Wortes und durch die Kraft seines Blutes zusammen und schafft eine neue Realität. Die Realität wurde durch die Sünde gespalten und sein Körper überbrückt diese Trennung. Das ist Jesus Christus. Das ist der Gott-Mensch.

Das Resultat von Jesu Tod waren drei Tage in der Grabhöhle, Erdbeben, Finsternis und dann die Auferstehung. Bei der Auferstehung handelte es sich nicht um die Wiederbelebung eines toten Körpers. Der Auferstehungsleib Christi war nicht auferweckt wie Lazarus, der auferweckt wurde, um wieder zu sterben. Er wurde auferweckt zum ewigen Leben, in eine verherrlichte Existenz hinein.

Die Bibel sagt uns, dass Menschen, die die Kraft des Blutes Jesu empfangen, auch neue Menschen werden. Gott ist ein Gott, der eine Wahlmöglichkeit hat und so sind wir als sein Ebenbild auch Menschen mit einer Wahlmöglichkeit. Daher müssen wir uns dazu entschließen, diese uns neu machende Kraft zu empfangen. Es geht nicht um einen Gesinnungswandel. Es geht nicht darum, einem Club beizutreten. Es handelt sich um einen radikalen Wandel des Wesens. Wenn wir uns dazu entschließen, die Kraft des Blutes Jesu zu empfangen werden wir erneuert. Wir waren tote, selbstzentrierte Geschöpfe, die zu lebendigen, auf-andere-zentrierte Geschöpfe werden. Die Bibel verwendet den Ausdruck „Wiedergeboren-Sein", um diese Veränderung zu beschreiben. Wenn wir als Babys geboren werden, können wir nicht wieder ungeboren werden; und irgendwann sterben wir. Wenn wir durch das Blut Jesu wiedergeboren werden, können wir nicht ungeboren werden - und wir sterben nicht. Wir werden neue Geschöpfe, die zu einem neuen Himmel und einer neuen Erde gehören. Wir sind erneuert durch die Kraft der Kreuzigung. Wir sind nicht mehr selbstzentrierte, nach innen gerichtete, tote Individuen, sondern wiedergeschaffen als auf-andere-zentrierte, lebendige Menschen.

Sobald wir wiedergeboren sind, ist der Rest unseres Lebens ein Prozess, in dem wir auf das „Auf-andere-zentriert-sein" ausgerichtet werden. Wir wachsen in der Liebe. Unser Leben wird größer und reicher. Die Bibel beschreibt uns dieses Bild. In unserer Welt finden wir dieses Bild kaum vor. Wir erkennen es kaum in uns selbst. Wir sehen es nicht viel in der Kirche. Aber es ist das Bild von Gottes tiefstem Wunsch für uns. Es ist eine reale Kraft, die uns in Jesus zur Verfügung steht – jetzt in diesem Augenblick – um neue Geschöpfe zu werden, umgekrempelt, wiedergeboren, uns selbst entäußernd, unser Leben verlierend, um es wieder zu gewinnen.

Dies ist die christliche Lösung für das Leiden.

AUF DEN PUNKT GEBRACHT

Wir haben nun drei Kreise, oder anders gesagt drei absolute Weltanschauungen untersucht. Jeder davon bietet eine einzigartige Hoffnung für das Problem des Leidens an. Beim ersten Kreis ist die ursprüngliche Perfektion eine vollkommene Einheit und wir leiden, weil wir die Illusion haben, dass es Vielfalt gibt. Die Rettung besteht darin, aufzuwachen und die Einheit wiederzuerkennen. Die ursprüngliche Perfektion im zweiten Kreis ist die vollkommene Harmonie gleichwertiger Gegensätze. Wir leiden, weil Disharmonie beziehungsweise Unausgewogenheit in die Realität kam. Die Erlösung liegt in der Wiederherstellung der Harmonie und Balance durch diverse Methoden und Therapien. Im dritten Kreis besteht die ursprüngliche Perfektion aus drei Personen, die auf-andere-zentriert sind, in einer Realität der Liebe. Wir leiden, weil wir die Dinge umgekehrt haben und zu selbstzentrierten, toten Menschen wurden. Die Errettung besteht darin, dass Gott in die Schöpfung kommt und sich selbst hingibt, damit die Menschen die Kraft empfangen können, wiederhergestellt zu werden, als Menschen, die auf-andere-zentriert sind.

Was denkst Du? Wo stehst Du?

45 FRAGEN

Ehrliche Fragen zu stellen ist ein Zeichen des Lebens. Während den vielen Jahren, in denen ich Menschen unterrichtete und mit ihnen über die drei Kreise sprach, wurden Hunderte von Fragen gestellt. Solche Fragen sind von unschätzbarem Wert, da sie Menschen direkter und praktischer mit der Lehre verbinden und uns von mechanischen „an-aus", „schwarz-weiss Antworten" fern halten. Durch Fragenstellen wachsen und lernen wir.

Ich hoffe, dass die folgenden, aus verschiedenen Sprachen übersetzten Fragen deine Gedanken anregen und weitere Diskussionsthemen untereinander anstoßen werden.

1. Glaubst du wirklich, dass es möglich ist, so große und umfassende Themen wie den Kosmos zu einem deiner drei Kreise zu vereinfachen?

Nein, das ist es nicht. Die drei Kreise sind extrem reduktionistische Symbole. Ich hoffe, sie sind nützlich, aber ausreichend sind sie nicht. Objektive Wahrheit in der Form eines Symbols reicht nicht aus, um die Wahrheit zum Ausdruck zu bringen. Wahrheit ist ebenso subjektiv, was bedeutet, dass Erklärungen durch Symbole mit deiner persönlichen, subjektiven Erfahrung kombiniert werden müssen, um Realität zu schaffen. Über Jesus nachzudenken macht dich genauso wenig zum Christen, wie es dich zu einem verheirateten Menschen macht, wenn du über die Ehe nachzudenkst. Die Realität des Verheiratetseins ist viel größer als jegliches Symbol. Trotzdem können Symbole hilfreich sein.

2. Wie sieht die Sicht eines Monisten zur geistlichen Entwicklung aus?

In den meisten Fällen sehen Leute aus dem ersten Kreis den Menschen als Wesen auf hohem Bewusstseinsniveau, das sich aus einer Lebenskraft entwickelt, welche sich zunehmend komplex und ich-bewusst äußert. Tiere wie zum Beispiel Fliegen, Würmer oder Ratten würden kein individuelles Bewusstsein haben. Der Mensch hat ein individuelles Bewusstsein und trifft Entscheidungen als Individuum. Das Menschliche ist auch im gleichen Bewusstsein reinkarniert, wenn auch ohne sich der Vergangenheit bewusst zu sein. Wohingegen das Bewusstsein der Ratte oder Fliege sich beim Tod zum Unbewusstsein hin auflöst.

Obwohl andere Lebensformen leiden, haben sie nicht die Möglichkeit, Einheit zu erkennen und das Leiden zu beenden, bis sie sich zum menschlichen individuellen Bewusstsein entwickeln und fixieren. Mensch zu sein wird in Bezug auf die ganze Realität als sehr kostbar erachtet. Der Mensch hat die Möglichkeit zur Erleuchtung. Der Glaube, dass der Mensch tausende Male lebt und stirbt, macht die Menschen des ersten Kreises geduldiger. Wenn du etwas nicht in diesem Leben hinkriegst, ist das kein Grund zur Panik – es gibt ja noch ein weiteres Leben. Diese Sichtweise kann dich entspannter machen und Stress abbauen, was auf vielerlei Weise gesund sein kann. Trotzdem müssen wir die Dinge im Kontext dessen sehen, was wahr ist und uns fragen: Bezahlen wir einen zu hohen Preis für die Therapie, die wir erleben?

3. Wie sehen Menschen mit monistischer Religion die Ehe?

Im ersten Kreis ist Ehe etwas, das die Menschen eingehen als eine hilfreiche Übung für die frühen Phasen der Entwicklung. Denn Ehe ist eine Form der Einheit und des Eins-Werdens.

Aber wenn du in deinen Inkarnationen bereits sehr weit fortgeschritten bist, gehst du in ein Kloster und lebst dort. Es gibt sehr religiöse Leute in Indien, die heiraten, Kinder groß ziehen und ein Geschäft betreiben. Wenn dann aber ihre Kinder von Zuhause ausziehen, verkaufen manche von ihnen ihr Geschäft, lassen sich scheiden und gehen jeder für sich ins Kloster. Sie setzten einander zur Weiterentwicklung frei, weil sie erkennen, dass sie einander zum Hindernis geworden sind. Sie haben Einheit in der Ehe erlebt, aber diese ist ebenso ein Anhängsel. Sie müssen sich trennen, um in der Buddha-Natur beziehungsweise im Krishna-Bewusstsein zu wachsen.

4. Wie erklären Menschen aus monistischen Religionen Zunahmen oder Veränderungen in der menschlichen Bevölkerung?

Das Auftreten von mehr Menschen auf der Erde reflektiert die Bewegung von mehr Lebensformgruppen in menschliche, individuelle Bewusstsein hinein. Diese individuellen Bewusstsein äußern sich in der Geburt von Babys. Ein Neugeborenes kann jemand sein, der zum tausendsten Mal geboren worden ist, oder zum erstenmal. Das Baby könnte im Bezug auf den Entwicklungsfortschritt viel älter sein als seine Eltern. Das könnte eine Erklärung für das Genie Mozarts sein. Er könnte eine bereits ältere Person mit sehr viel Erfahrung gewesen sein. Die Population der Menschen kann größer oder kleiner sein, gemäss der Weisheit der Herren des Karma. Menschliche Wesen funktionieren innerhalb der Entscheidungen der Herren des Karmas, welche mit so vielen Variablen arbeiteten, dass wir das nicht erfassen können.

5. Du behauptest, dass es im Monismus kein echtes Richtig und Falsch gibt. Anerkennt das Konzept des Karma jedoch nicht indirekt das Konzept von Richtig und Falsch und somit eine allgemeine moralische Struktur?

Karma funktioniert innerhalb der Illusion des Maya, der Illusion von Vielfalt, von Besonderheit und Beziehung. In dieser Illusion sind positive und negative Situationen, Energien und Schwingungen aufgebaut und geschaffen, die in Harmonie gebracht werden müssen, damit die Buddha-Natur beziehungsweise das Krishna-Bewusstsein erlangt werden kann. Karma ist ein extrem reicher und komplizierter Vorgang. Das Langzeitziel besteht darin, in die Buddha-Natur oder das Krishna Bewusstsein befreit zu werden. Die Ausarbeitung des Karma kann jedoch auf verschiedene Weisen geschehen. Denk an das Beispiel Mord. Falls ich jemanden in diesem Leben umbringe, werde ich vielleicht in meinem nächsten Leben umgebracht oder rette vielleicht Leben anderer. Beide Möglichkeiten könnten ein Gleichgewicht in meinem Karma erzeugen, auch wenn sie sich sehr voneinander unterscheiden. Die eine ist passiv und bringt Tod hervor, die andere ist aktiv und hat Leben zur Folge. Karma ist kein vergeltendes Rechtssystem. Dieses Element ist zwar vorhanden, aber es sind noch andere Hauptelemente damit verwoben, so dass man Karma nicht rein moralisch verstehen kann. Es ist größer, breiter und reicher als das.

6. Du hast erwähnt, dass Beziehungen in der monistischen Weltanschauung schlecht sind und Liebe, weil es eine Beziehung ist, auch schlecht ist. Wenn das so ist, warum betont der Buddhismus dann Mitgefühl so stark?

Mit deiner Frage setzt du Mitgefühl mit Liebe gleich. Das ist ein Fehler. Liebe hat mit Beziehung zu tun, aber Mitgefühl ist ein

Erkennen von Einheit und Identität. Wenn ich für jemanden Mitgefühl habe, unterstütze ich seine Hinbewegung zum Erkennen der Buddha-Natur oder des Krishna-Bewusstseins im Zusammenhang mit vielen, vielen reinkarnierten Lebenszyklen. Hier ein Beispiel: Falls eine Person in ein Leben voller Leiden hineingeboren wurde, ist es möglich, dass sie vielleicht ihr Karma abarbeitet, und zwar in der Weise, wie es gemäss der Weisheit der Herren des Karma am gewinnbringendsten für diese Person ist. Sehe ich nun diese Person leiden, sollte ich es aus diesem Grund vermeiden ihr zu helfen, weil ich weiß, dass sie vielleicht alles Leid nochmal durchmachen muss, wenn ich in diesen Prozess eingreife. Diese Argumentation ist die Grundlage der buddhistischen Lehre des Nicht-Eingreifens.

Es mag grausam erscheinen, einer leidenden Person nicht zu helfen. Aber im Kontext der Reinkarnation ist dies vielleicht das Barmherzigste, was man tun kann, weil das Nichteingreifen ins Leiden einer Person es ihr erlaubt, ihr Karma ins Gleichgewicht zu bringen. Das christliche Konzept von Liebe dagegen ist anders, weil sich der Kontext, in dem sie geschieht, stark unterscheidet. Es gibt nur einen Lebenszyklus, in dem die ganze Bedeutung unseres Seins und unserer Entscheidungen konzentriert ist. Da gibt es auch den grundlegenden Glauben an die ewige Realität von Beziehungen. Die Liebe Christi ist eine Liebe der Beziehungen, des Sehens von Angesicht zu Angesicht, des einander Ermutigens, so zu sein, wie Gott uns gemacht hat. Armut und Leiden werden als Entstellung von Gottes Absichten für den Menschen erachtet und als etwas gesehen, wogegen man vorgehen muss.

Christen haben den Auftrag, das Leiden anderer zu mildern und das Leben jedes Einzelnen zu respektieren. So sind Barmherzigkeit und Liebe nicht Synonyme, auch wenn sie in der Kultur größtenteils als solche verwendet werden. Die Bibel enthält das Wort Barmherzigkeit, aber es steht eng mit Liebe in Verbindung.

7. Der Buddhismus erkennt, dass Depression und andere Formen von emotionalem Leiden mit Narzissmus, Egoismus und Selbstverherrlichung in Verbindung stehen und bietet Methoden zur Behandlung dieser Leiden an. In welcher Weise trägt das Christentum zum Verständnis emotionaler Leiden und deren Heilung bei?

Der Gedanke, dass Depression und emotionale Leiden ein Ergebnis von Narzissmus und Egoismus sind, ist in vielen Fällen ziemlich zutreffend. In der Bibel kann man das gleiche grundlegende Prinzip finden. Die buddhistische und christliche Perspektive unterscheiden sich in Bezug auf den Kontext von Leiden und der Heilung. Der Buddhist hat die Wahl zwischen selbst und SELBST, zwischen dem individualistisch-egoistischen Selbst und dem universellen Buddha-Natur SELBST. Im Christlichen Glauben liegt die Wahl zwischen selbstzentriert und auf-andere-zentriert. Als Resultat hat die buddhistische Lösung für das Leiden die Auflösung des Selbst im absoluten SELBST zum Ziel. Die christliche Lösung hat zum Ziel, das Selbst in die Richtung hin zu den Anderen - zu anderen Menschen und zu Gott – umzulenken. Das individuelle Selbst bleibt erhalten, löst sich nicht auf, wird gesund und entwickelt sich zusammen mit dem Rest der Realität weiter durch eine Beziehung der Liebe.

Das ist die grundlegende Bedeutung von Erlösung durch Jesus Christus. Das Christentum wertschätzt die Notwendigkeit von Heilung und auch von Heilungsmethoden im Allgemeinen (egal ob buddhistisch oder andersgeartet), aber es würde nie die einzigartige Wirklichkeit Gottes, der Person oder der Liebe opfern im Austausch für Heilung oder Befreiung von Leiden.

8. New Age Leute betonen die Kraft des Glaubens. Was hältst du davon?

Wenn ich das richtig verstehe, ist der Gedanke dahinter der, dass wir die Realität durch unser Denken generieren. Denken wir negativ, generieren wir eine negativere Realität. Denken wir positiv, generieren wir eine positivere Realität. In biblischem Sinne geschieht positives Denken immer im Zusammenhang mit Jesus. Es geht dabei nicht wirklich darum, dass *wir* die Realität generieren sondern um das Vertrauen, dass Gott *für uns* die Realität generiert, die wir brauchen, um seine Absichten für unser Leben umzusetzen. Was er generiert, kann für uns angenehm sein oder genau das Gegenteil von dem sein, was wir wollen. So oder so sollten wir dankbar sein und vertrauen und mit dem arbeiten, was Gott uns gibt.

9. Werden Kinder zum Hinduismus hingezogen, wenn sie in der Schule Mandalas ausmalen?

Vielleicht, aber sie werden genauso wenig durch das Ausmalen der Mandalas zum Hinduismus gezogen, wie sie durch das Ausmalen von Kreuzen zu Jesus gezogen werden.

10. Ist Meditation für Christen gefährlich?

Das ist von Person zu Person verschieden. Für manche Menschen könnte sie therapeutische Wirkung haben. Für einige seelische Zustände könnte sie aber sehr gefährlich sein. Es ist auch sehr gefährlich wenn wir denken, dass durch Meditation unsere Sünden vergeben werden oder dass sie uns unsere wahre Identität geben wird, oder wenn wir meditieren, anstelle zu beten.

11. Gibt es eine christliche Ausübung der Meditation?

Der Ausdruck „Christliche Ausübung der Meditation" wird assoziiert mit einer gesamten Geschichte und Ausübung von Konzepten, die zu umfassend sind, um sie hier anzusprechen. Erlaube mir die Frage einzuengen auf eine spezifischere Überlegung der biblischen Praxis der Meditation. Während östliche Meditation das Denken stoppen oder still halten will, beginnt biblische Meditation mit Inhaltlichem über Gott, hält dies über dem Denken wie ein Gewebe oder Netz und erlaubt dem Heiligen Geist, den Verstand damit zu berühren. Die Person betet dann und denkt über die Verbindung nach, die sie erlebt hat. Biblische Meditation ist nicht zielgerichtet und verfolgt keine Absicht. Sie ist eher passiver als Denken und auf Empfang ausgerichtet, steht aber in Verbindung zum Denken.

12. Atheismus ist heutzutage eine der großen Weltanschauungen. Zu welchem der drei Kreise passt er?

Atheismus ist der Glaube, dass es keinen Gott gibt und alles durch Zufall aus der materiellen Substanz des Universums entsteht. Viele Atheisten glauben, dass das Universum mit einer Singularität beziehungsweise einer Einheit der gesamten Energie begann, an einem einzigen Punkt, der dann beim so genannten *Urknall* explodierte. Man nimmt dann an, dass nach dem Urknall Vielfalt in das Universum kam, durch die Entstehung verschiedener physikalischer Gesetze und physikalischer Phänomene wie Sterne und Planeten, und schließlich der Erde, mit ihren unterschiedlichen Eigenschaften – biologisches Leben, wie wir es kennen miteingeschlossen. Keine dieser physikalischen Fakten kann jedoch im Atheismus absolute Bedeutung haben. Atheisten können ein *Gefühl* von Bedeutung erleben, indem sie so fühlen als ob ihr Leben Bedeutung hätte oder ihre Beziehungen Bedeutung hätten oder als ob Sonnenuntergänge und Gebirgszüge bedeutsam wären. Aber wenn es keine wirkliche absolute Bedeutung im Universum gibt – wenn das Universum etwas Unpersönliches und Zufälliges ist – dann kann auch nichts, was innerhalb dieses Universums geschieht, von absoluter Bedeutung sein, egal wie sehr wir das fühlen oder glauben. In einem atheistischen Universum ist Bedeutung im Wesentlichen eine Illusion. Obwohl Atheisten sich selbst wahrscheinlich nicht als Monisten sehen würden, kann man die Ähnlichkeiten in ihren Sichtweisen erkennen: Das Universum beginnt in einem Zustand der Einheit, und führt dann zu Vielfalt, die eigentlich eine Illusion ist. Im dritten Kreis allerdings nehmen die Menschen an, dass das Universum und alles darin absolut bedeutsam ist, weil es von einem Gott geschaffen wurde, der von sich aus bedeutungsvoll ist. Als Resultat ist das Leben grundsätzlich keine Illusion. Mir scheint, ein Atheist braucht eine viel größere Portion Glauben als ein Christ. Denn man muss die Idee aufrechterhalten, dass eine blinde, bedeutungslose, ziellose, amoralische, nicht-sorgende, richtungslose Realität Menschen mit genau entgegengesetzten Eigenschaften hervorgebracht hat.

Eine einfachere Annahme ist, dass die Charakteristiken des Menschseins ein Ausdruck von etwas sind, das dem Universum innewohnt und von etwas, das vor dem Universum existierte. Um die Bibel frei zu übersetzen: *Am Anfang war die Information.*

Ich denke die Attraktivität des Atheismus liegt für viele Menschen darin, dass er sie von der Last befreit, tiefer darüber nachdenken zu müssen, warum sie existieren. Er befreit sie auch von jeglichem Gedanken an Sünde oder Schuld. Wenn es keine absolute Bedeutung gibt, kann es auch keine echte Rechtfertigung für Schuldgefühle oder einen Glauben an Richtig und Falsch geben. Ferner macht das Fehlen jeglicher

Bedeutung der Kategorien richtig und falsch den Atheismus dem Monismus recht ähnlich. Einige Atheisten glauben auch, dass das Universum, nachdem es sich für eine gewisse Zeit ausgedehnt hat, wieder in sich zusammenfällt zu einer Singularität oder totalen Einheit, was dem Monismus nicht unähnlich ist. Andere Atheisten jedoch glauben, dass sich das Universum endlos ausdehnt. Angesichts der vielen Ähnlichkeiten zwischen Monismus und Atheismus würde ich sagen, dass man den Atheismus als einen Teil oder eine Abwandlung des ersten Kreises betrachten kann.

13. Christen nehmen manchmal eine defensive Haltung ein gegenüber dem Guten, das sie bei Nicht-Christen sehen. Ein Beispiel dafür wäre die Aussage: Na ja, es war ja ganz nett von diesen Atheisten, dass sie zu etwas Gutem beigetragen haben, aber – und dem Aber folgt dann etwa dies: sie haben Jesus nicht oder am Ende gehen sie ja trotzdem in die Hölle oder eine andere Aussage, die das Gute in anderen Menschen heruntermacht. Hast du diese Haltung gegenüber den guten Taten von Nicht-Christen auch schon erlebt und wie denkst du darüber?

Ich habe diese Haltung beobachtet, aber zum Glück kann ich sagen, in letzter Zeit weniger als in früheren Jahren. Ich denke, dass es im Königreich Gottes deplaziert ist, nicht das Gute um uns herum anzuerkennen, wenn wir es sehen und nicht zu glauben, dass alle Menschen die Ewigkeit in ihrem Herzen haben. In grundsätzlicher Weise ist es nicht möglich, Gott ohne Glauben zu gefallen. Aber ich denke, dass es möglich ist, auf vielerlei Weise sein Bild zum Ausdruck zu bringen – in einigen Fällen geschieht das durch Nicht-Christen besser als durch Christen. Diese Ausdrucksformen der Güte aber sind nicht integriert, wenn sie nicht durch Jesus in Zusammenhang gebracht und vervollständigt werden. Sie werden nicht zusammen gehalten. Sie sind Häppchen und Brocken und unvollständig. Das Gute, das der Christ tut, wird, auch wenn es manchmal weniger ist als das des Nicht-Christen, in Christus vervollständigt. Dem Gedanken des Autors des Hebräerbriefes folgend, *werden alle Dinge in Christus zusammen gehalten durch die Macht seines Wortes.* So oder so gibt es keinen Raum, die guten Taten einer Person zu verspotten. Aber es gibt Raum für Bewunderung und Lob und Selbstzurechtweisung.

14. Hast du selbst vom Kontakt zu Atheisten profitiert?

Ja. Ich denke, ich habe von Atheisten etwas davon gelernt, was es heißt, Mensch und im Ebenbild Gottes gemacht zu sein. Besonders von jenen, die Geduld und Disziplin üben, in einer Weise wie ich das nicht tue, und von jenen, die Kreativität und Mut zeigen und das Leben besser als ich bejahen. Somit habe ich von Atheisten gelernt, was es bedeutet, ein menschliches Wesen zu sein. Ich lerne von ihnen nicht, was Sündenvergebung und Vervollständigung durch Christus bedeutet, aber viele andere Dinge.

15. In welchen der drei Kreise passen animistische und schamanistische Weltanschauungen? Wozu würde Judaismus und der Islam passen?

Denk daran: diese Kreise stellen ein reduktionistisches und annäherndes System dar. Sie sprechen eher die grundsätzlichen Aspekte unterschiedlicher Weltanschauungen an, als Details an der Oberfläche. Dies im Hinterkopf würde ich vorschlagen, dass Animismus und Schamanismus in den ersten oder zweiten Kreis passen, beziehungsweise in eine Kombination von beiden, abhängig von individuellem Verständnis oder Ausübung. Der Judaismus, so wie wir ihn im

Alten Testament oder der Tora finden, würde in den dritten Kreis passen. Im Schöpfungsbericht spricht Gott innerhalb seiner selbst, und später erscheint er Abraham als drei Männer. Im Alten Testament hat man die ganze Dreieinigkeit. Jedoch im Verständnis, in der Praxis und im Denken der Juden wird man eine Anlehnung an den ersten Kreis feststellen. Im Koran findet man grundsätzlich den ersten Kreis. Allah ist Einer. Es gibt keinen anderen. Er hat keinen Sohn. Es besteht eine sehr starke Einheit und Absolutheit in Allah. Er ist von Natur aus nicht beziehungsmäßig. Wenn Allah mit jemanden sprechen und als personaler Gott funktionieren will, muss er jemanden erschaffen, mit dem er sprechen kann.

16. Einige Leute fragen sich vielleicht, warum sich überhaupt um Weltanschauung kümmern? Warum nicht einfach das Leben so gut wie möglich leben? Was denkst du darüber?

Zu einem großen Teil kann man versuchen so zu leben, ohne besondere Richtung oder speziellen Hintergrund. Du könntest nicht an ausgeprägten Ideen festhalten oder irgendeine starke Absicht verfolgen, weil du nicht glauben würdest, dass etwas richtig oder falsch, passend oder unpassend wäre. Wahrscheinlich würdest du in den Gedanken verfallen, dass richtig ist, was sich gut anfühlt und falsch ist, was sich schlecht anfühlt und du der bist, der darüber richtet - du bist Gott. Gleichzeitig deutet „das Leben so gut wie möglich zu leben" auf eine Art Weltanschauung hin, auch wenn sie nicht klar definiert ist. Das ist das Kernproblem. Wir alle brauchen eine Weltanschauung, um einen Rahmen und eine Grundlage für jegliche Bedeutung und Bestimmung im Leben zu haben, und um eine Rechtfertigung für unsere Handlungen zu haben. Um es anders auszudrücken: so gut wie möglich leben zu wollen, erfordert einen Weg, zu messen, was „so gut wie möglich" bedeutet. Der Hintergrund dafür, das zu messen, ist eine Weltanschauung. Wir können uns um Weltanschauung kümmern oder nicht, sie anerkennen oder nicht, aber sie ist immer da.

17. Denkst du, dass man mit einem einfacheren Leben glücklicher und fröhlicher ist?

Nicht notwendigerweise. Reichtümer und Geld und Besitz und Wissen können unserem Leben Lasten hinzufügen und uns mehr Verantwortung und Entscheidungen auferlegen. Aber ich denke nicht, dass sie uns automatisch glücklicher oder weniger glücklich machen. Viele wohlhabende und viele intelligente Menschen sind überhaupt nicht glücklich und viele einfache Mensche sind ebenso bitter und unglücklich. Ich denke, dass Werte wie Wahrheit, Treue und Gottgefälligkeit wichtiger sind als glücklich zu sein. Jesus war voller Freude, aber er war auch ein Mann mit Kummer. Der Apostel Paulus war voller Freude, Reichtümer, Leben, Zuversicht und Dankbarkeit, aber er war auch mit vielen Schwierigkeiten belastet.

Menschen haben ihn betrogen, er wurde geschlagen, er wurde ins Gefängnis geworfen. Glück war nicht der höchste Wert für Jesus oder Paulus. Ich glaube, dass so wie Gott uns gemacht hat, und das beständige Daraufhinarbeiten – indem wir die Kämpfe innerhalb einer gefallenen Welt umarmen und annehmen – zum besten und reichhaltigsten, aber vielleicht nicht zum glücklichsten Leben führt. Das ist schwierig zu akzeptieren, weil wir glücklich sein wollen und doch ist Glücklichsein nur ein Teil der Realität. Es ist nicht weise, die anderen Teile der Realität zu opfern, um glücklich zu sein. Manchmal bin ich glücklich und ich genieße das sehr, aber Glücklichsein ist nicht die Hauptsache.

18. Betrachtest du den Christlichen Glauben als Religion?

Religion ist ein System, um mit dem Übernatürlichem in Kontakt zu kommen.

Der Christliche Glaube, wie ich ihn verstehe, ist nicht primär ein System und es geht dabei nicht in erster Linie um das Übernatürliche. Sondern um die Realität aller Dinge, sowohl natürlich als auch übernatürlich zusammengehalten durch Jesus, und wie wir diese Realität ausleben. Die Pharisäer zur Zeit Jesu waren sehr religiös – mit ihren Zeremonien, ihren Regeln, ihrer speziellen Kleidung und Tagesstruktur – aber Jesus war davon nicht beeindruckt. Er sagte, dass die Gerechtigkeit der Menschen größer sein soll, als die der Pharisäer. Was bedeutet, dass die Gerechtigkeit der Christen nicht in der Zusammenstellung von Regeln oder einer Tradition oder etwas Zeremoniellem besteht. Es muss eine Gerechtigkeit des Herzens sein. Es geht um eine radikale und persönliche Umwandlung des Herzens. Daran ist nichts religiöses.

19. Viele Christen fokussieren sich exzessiv darauf, in den Himmel zu kommen. Was hältst du davon?

Wenn wir die Bibel richtig verstehen, lehrt sie uns, dass wir arbeiten und beten sollen, damit Gottes Königreich auf der Erde verwirklicht wird. Jesus sagte, wir sollten folgendermaßen beten: *Unser Vater im Himmel, geheiligt werde dein Name, dein Reich komme, wie im Himmel so auf Erden.* Wir sagen dieses Gebet auf, aber wir meinen es oft nicht so. Das was wir manchmal wirklich meinen ist: „Mein Vater im Himmel, hol mich bitte hier raus!" Das ist es, was uns auf dem Herzen liegt. Aber das ist nicht das, was Jesus gelehrt hat. Er lehrte uns zu beten und zu arbeiten, dass das Königreich des

Himmels auf der Erde sein wird – dass die biblischen Werte und ihre Beschreibung von Leben und Beziehungen der Menschen auf der Erde verwirklicht werden. Wir sollen nicht einfach nur warten und durchhalten, bis uns Gott von hier zu einem anderen Ort herausreißt. Ich habe Verständnis für die Ursachen, warum Menschen diese Einstellung entwickeln. Wir leiden, wir sind unterdrückt und frustriert. Trotzdem ist diese Einstellung falsch und wir müssen umkehren. Es kommt zum Teil aus diesen falschen Ideen der Christen, warum Nicht-Christen so ein schlechtes Bild vom Christentum haben. Und dann wundern wir uns, warum unsere Evangelisationsanstrengungen nicht sehr effektiv sind. Evangelisation wird nie richtig effektiv sein, wenn wir ein Evangelium des Rückzugs und der Weltflucht predigen.

20. Viele deiner Konzepte wie Objektivität – Subjektivität, Form – Freiheit und Dynamik werden nicht explizit in der Bibel erwähnt. Bist du Theologen begegnet, die argumentierten, dass diese Konzepte zu abstrakt und spekulativ sind, um vom eigentlichen biblischen Text gestützt werden zu können?

Sehr selten behauptet jemand, dass die Konzepte die ich lehre nicht biblisch sind. Die Leute fragen häufiger, wie ich diese Konzepte in der Bibel finde, was ermutigend ist. Dann versuche ich mit dieser Frage zu arbeiten. „Warum benutzt du das Wort Dreieinigkeit, wenn es nicht in der Bibel vorkommt?", wäre ein Beispiel für eine solche Frage. In meinem Verständnis ist der Ausdruck *Dreieinigkeit* ein verbales Symbol für die Natur Gottes, wie sie in der Bibel beschrieben wird. Ein weiteres Beispiel für ein verbales Symbol sind die Glaubensbekenntnisse der Kirchenväter. Wir nennen sie Credo – Glaubensbekenntnisse, weil sie mit *credo*, d.h. „ich glaube", beginnen. Die Kirchenväter bezeichneten sie aber als Symbole und Definitionen, weil sie eine Repräsentation der gesamten Wahrheit in der Bibel darstellen. Generell wird man nie totale Übereinstimmung finden zwischen einem Symbol und dem, was es symbolisiert. Ebenso wird man keine totale Übereinstimmung finden zwischen den verbalen Symbolen wie „Dreieinigkeit", „Form und Freiheit" oder „Dynamik" und dem Vokabular der Bibel, auch wenn solche Symbole durch den Text der Bibel fundiert sind.

21. Kannst du mehr darüber sagen, was es heißt, gerettet zu sein, und was danach geschieht?

Gerettet zu werden bedeutet, aus einer toten, selbstzentrierten Kreatur wiedergeschaffen zu werden und zwar als lebendige auf-andere-zentrierte Kreatur. Gerettet zu sein heißt, von deiner Zerbrochenheit umzukehren und anzufangen, dich in Richtung Heilung zu bewegen. Das bedeutet, Heilung zu empfangen und an der Heilung zu arbeiten, oder wie es das alte Lied ausdrückt: *vertrauen und gehorchen*. Es ist ein Ergänzungsprinzip, eine 200-prozentige Realität. Wir sind nicht gerettet, indem wir Gott vertrauen *oder* ihm gehorchen, sondern durch beides. Manche Menschen sind in dem Denken gefangen, dass es das eine oder das andere ist. Ich denke die Frage, *welches von beiden du wählen sollst*, kommt unmittelbar vom Teufel. *Vertraust du auf Gott für Heilung oder arbeitest du an der Heilung?* Das ist eine böse Frage. Das ist, wie wenn man Humpty Dumpty fragt, von welcher Seite der Mauer er runterfallen will. Aber Gott sagt, wir können beide Seiten haben. Jesus sagt: *„Ich bin gekommen, damit du Leben haben kannst und zwar in Fülle. Ich sage dir nicht, du sollst dir den Teil des Lebens aussuchen, den du haben willst. Nimm das Ganze. Lebe das Ganze"*. Als ein weiteres Beispiel, wie wir nach unserer Errettung herausgefordert sind, kann uns Psalm 23 dienen. Dieser Psalm sagt uns, *mein Becher fließt über*. Wenn das Leben *überfließt,* reagieren die Menschen normalerweise, indem sie folgendes denken; „Oh, was für eine Schweinerei, lass uns sauber machen!" Die Menschen mögen es nicht, wenn die Dinge außer Kontrolle geraten oder unvorhersehbar werden. Aber fehlende Kontrolle ist nur nicht zu ertragen, wenn wir durchs Schauen vorangehen. Das ändert sich, wenn wir im Glauben vorangehen, da wir Gott vertrauen, dass er uns im Übersprudeln und der Fülle Stabilität gibt. Der Glaube kann deshalb furchterregend sein, weil wir nicht sehen, weil wir keine Kontrolle haben, weil wir nicht vollständig verstehen. Wir gehen voran und vertrauen Gott. Es ist so, als ob du seine Stimme am Ende eines dunklen Tunnels hörst und auf diese Stimme zugehst. Die Menschen wollen die Wände berühren. Sie möchten hin und her laufen. Sie möchten sich orientieren. Das ist natürlich. Vorangehen durch den Glauben ist geistlich. Wir werden vom Natürlichen angezogen, weil wir gefallen und zerbrochen sind. Das bedeutet nun nicht, das Natürliche zu verwerfen, sondern das Natürliche mit der Fülle von Gottes Wahrheit und Wirklichkeit in Kontext zu bringen. Manche Leute denken, dass auf der einen Seite das Natürliche ist und auf der anderen das Geistliche, so dass man die eine Seite verlassen muss, wenn man errettet ist. Aber im biblischen Verständnis wird das Natürliche mit dem Geistlichen durch die Herrschaft Jesu Christi in Kontext gebracht. Somit ist nichts verloren. Alles ist gewonnen. Das Leben wird größer und voller.

22. Wenn das Leben nach der Errettung größer wird, warum bekommt man dann oft den gegenteiligen Eindruck – dass das christliche Leben Menschen begrenzter und rigider macht?

Eine Frage, die ich oft Menschen in verschiedenen Ländern stelle, ist: „Falls du in deine Stadt gingst und zehn Leute anhieltest und sagen würdest `Ich möchte dir eine Frage stellen: Wenn du heute Christ werden würdest, denkst du, dass dein Leben weiter, voller und engagierter werden würde, oder kleiner, enger und weniger engagiert?` – wenn du das fragen würdest, wie würden die Menschen antworten?"

Generell sagt jeder, dass die Menschen mit dem Zweiten antworten würden. Sie würden denken, das Leben würde kleiner, enger und weniger engagiert werden. Und ich stimme darin überein, dass dies der Eindruck der meisten Menschen ist. Dann frage ich, ob dies das ist, was die Bibel sagt. Und sie sagen: „Nein, das ist nicht das, was die Bibel sagt". Dem stimme ich auch zu. Woher also haben die Menschen die Idee, dass dich das Christsein begrenzter macht? In gewissem Maße bekommen sie dies durch die Medien und durch unwahre Attacken gegen das Christentum vermittelt. Aber zum großen Teil erhalten sie diesen Eindruck durch die Christen selbst. Wenn das zutrifft, dann sollte Apologetik (Rechtfertigung des Glaubens) vielleicht mit einer Entschuldigung (engl. Apology) beginnen. Vielleicht sollten wir Menschen bitten, uns zu vergeben, dass wir ihnen einen falschen Eindruck davon vermitteln, was es heißt als Christ zu leben. Wir müssen auch die Herrschaft Jesu Christ über alle Bereiche des Lebens praktizieren, nicht nur im religiösen Leben.

23. Ein zentrales Bild im Christentum ist die Kreuzigung und das Reinwaschen von Sünden durch das Blut Christi. Dieses Bild ist brutal und für viele verstörend und schwer anzunehmen. Gibt es einen anderen Weg, die Botschaft des Christentums zu vermitteln?

Es ist Blut. Es ist Tod. Es kann niemals nett sein. Ich sage den Leuten manchmal, dass es so ist, wie wenn man zum Zahnarzt geht. Ein erlösender Besuch beim Zahnarzt kann niemals nett sein – nicht wenn du einen guten Zahnarzt hast. Nimm mal an, du hast schreckliche Zahnschmerzen und der Zahnarzt sagt: „Oh, du musst furchtbare Schmerzen haben. Hier, ich segne dich mit etwas Morphium". Wenn er dann weggeht und das seine Lösung war, hat er dich nicht gesegnet, sondern verflucht. Dich zu segnen bedeutet hier, erst mal den Schmerz zu *verstärken*. Der Zahnarzt ist das beste Beispiel für einen schmerzhaften Segen. Manchmal kann es hilfreich sein, die Menschen daran zu erinnern, dass das Leben nicht nett ist, und dass „mehr vom Leben" nicht nur ein netter Prozess ist. Natürlich ziehen es die Leute normalerweise vor, sich eine nette Art von Erlösung vorzustellen. Du kannst dir ein klein wenig Buddhismus und Transzendenz vorstellen – und viele machen das. Es ist sehr natürlich und romantisch, sich eine nette Erlösung vorzustellen. Aber die Bibel gibt uns keine nette Erlösung. Sie ist ein Skandal. Paulus selbst sagt das. Das traf schon immer zu. Jesus wird fälschlicherweise als nett angepriesen. Aber er ist nicht nett. Er ist echt.

C.S. Lewis hat es in *Der König von Narnia* auf den Punkt gebracht. Die Kinder in dieser Geschichte sind neugierig bezüglich Aslan, eine Art Symbol für Jesus, und fragen: *„Ist er sicher?"* Ihnen wird gesagt: *„Natürlich ist er nicht sicher. Aber er ist gut"*. Sicher oder nett bedeutet nicht gut. Eine weitere Illustration wäre eine Mutter, die mit ihrem dreijährigen Jungen die Strasse überquert. Falls der Junge versuchen würde, auf die befahrene Strasse zu laufen, würde die Mutterliebe auf sehr gewaltsame Weise zum Ausdruck kommen. Sie würde den Kleinen ergreifen und ihn von der Strasse reißen, mit dem Risiko, ihm den Arm zu brechen. Sie würde ihn vielleicht anschreien und ihm Furcht einflössen. So würde ihre Liebe zu ihm aussehen. Wenn sie andererseits nett gewesen wäre, wäre er gestorben. Unsere Situation ist dringlich und Gottes Lösung ist drastisch und effektiv.

24. Ist Gott aus biblischer Sicht männlich oder enthält er auch weibliche Anteile?

Gott ist absolut und von ihm geht sowohl männlich wie weiblich hervor. Von der Bibel her wird uns gelehrt, Gott Vater zu nennen, aber an verschiedenen Stellen können wir sehen, dass er auch Mutter ist. Im Alten Testament sagt Gott*: „Ich will euch trösten, wie einen seine Mutter tröstet".* Im Neuen Testament sagt Jesus zu Jerusalem, dass er es versammeln will, wie eine Henne ihre Küken unter ihre Flügel nimmt. Gewöhnlich nennen wir Gott Vater, zum Teil wegen seiner Beziehung zu Jesus. Ebenso demonstrieren einige vorherrschende Eigenschaften Gottes, die er in der Geschichte gezeigt hat, dass er mächtig und gesetzgebend ist, was in die Richtung von Vaterschaft geht. Auch wenn es jedoch richtig wäre, zu Gott als dem Vater zu beten, wäre es nicht richtig, Gott *als Ganzes* nur als Vater zu betrachten, weil er größer als das ist.

25. Was ist nach deinem Verständnis der Unterschied zwischen Engeln und gefallenen Engeln?

Gott ist drei Personen und auf-andere-zentriert. Der Teufel ist eine Person und selbstzentriert. Aus diesem Grund sind die Engel, die Gott folgen, auf-andere-zentriert und die Engel, die dem Teufel folgen, selbstzentriert. Sie sind wie schwarze Löcher, die alles in sich einsaugen. Darum stehen der Teufel und gefallene Engel in einer Beziehung zu Menschen, die sie vereinnahmt und von ihnen Besitz ergreift. Auf der anderen Seite segnen die Engel Gottes Menschen und ermutigen sie, auf-andere-zentriert zu sein, zu lieben und die Wahrheit zu kennen.

26. Haben die Christen die Bibel auf gewisse Art falsch interpretiert, dass dies zu Missbrauch und Ausbeutung der Natur führt?

Ja. Ein Beispiel dafür wäre die „Weltflucht – Eschatologie". Dabei handelt es sich um den Glauben, dass Jesus am Ende wiederkommen wird, uns an einen anderen Ort hinbringt und seine Schöpfung verbrennt und in einer Art himmlischen Raum nochmals neu beginnt. Ich glaube nicht, dass diese Ansicht von der Bibel gestützt wird, aber sie wurde von Christen geglaubt und hat zu einer utilitaristischen Einstellung geführt, in der man „die Schöpfung für unsere Zwecke benutzen soll, weil Gott sie hasst und sie sowieso irgendwann niederbrennen wird". Diese Einstellung ist einer der Hauptkritikpunkte, die New-Ager und Buddhisten den Christen entgegenhalten und diese Kritik ist gerechtfertigt.

27. Einige argumentieren, dass es leicht ist, die Bibel zu missbrauchen und misszuverstehen wegen ihrer Komplexität. Warum würde Gott ein so komplexes Dokument verfassen, um seine Wahrheit zum Ausdruck zu bringen? Warum nicht etwas Einfacheres kreieren?

Gott ist komplex und sein Ebenbild ist komplex. Eine einfache Ausdrucksform der Wahrheit wäre reduziert, unzureichend und unangemessen. Es gibt eine Grenze in Bezug auf die Einfachheit, die es in der Beziehung zwischen Gott und uns geben kann. Wenn es zu einfach wäre, dann würden Menschen wie Marionetten oder Automaten sein. Es muss Raum zum Denken und zum Sich-Entscheiden geben. Gott ist nicht automatisch und so kann sein Ebenbild nicht automatisch sein. Mit der Bibel ist es nicht anders wie mit anderen Dingen des Lebens – wie der Ehe zum Beispiel. Ehe ist komplex, schwierig zu verstehen und anfällig für Missbrauch, aber das bedeutet nicht, dass wir sie abschaffen oder vermeiden sollen. Die Tatsache, dass die Bibel komplex ist und Menschen sie absichtlich oder unabsichtlich missbrauchen, zeigt mir nicht, dass sie falsch ist. Es zeigt mir, wie realistisch die Bibel ist.

28. Ist Erlösung für Menschen aus anderen Religionen als dem Christentum, oder für Menschen ohne Religion möglich?

Ja, aber nicht weil alles wahr ist, sondern weil Gott die Ewigkeit in die Herzen der Menschen legt. Uns wird verheißen, dass wir ihn finden, wenn wir ihn mit unserem ganzen Herzen suchen. Ebenso trifft das Umgekehrte zu. Viele Leute, die sich als Christen identifizieren, sind weit entfernt vom Christentum. Du kannst in viele Kirchen gehen und dabei Menschen vorfinden, die keine Christen sind. Du wirst Eifersucht, Stolz, Manipulation, Gier, ökologisch unvernünftige Ideen und alle Arten von Problemen vorfinden. Wir sind von Jesus dazu berufen, seine Botschafter zu sein, seine Realität in unseren Beziehungen mit anderen zu demonstrieren. Aber wir versagen. Dieses Versagen bedeutet nicht, dass keiner von uns erlöst werden kann. Ich kenne viele Missionare und habe erstaunliche Geschichten darüber gehört, wie Menschen gerettet wurden, ohne einen Christen getroffen zu haben. Also ja, ich denke dass Menschen, falls sie es ehrlich meinen, auch ohne die Bibel oder die Kirche ihr Bedürfnis nach Gott erkennen können. Sie können arm im Geist werden – diese Art Menschen nennt Jesus gesegnet. Falls sie es ehrlich meinen, werden sie zu Gott rufen und Gott wird antworten. Das ist eine persönliche, individuelle Angelegenheit und nicht eine Angelegenheit von Religiosität, Rasse oder Kultur.

29. Willst du damit sagen, dass Menschen ohne Jesus gerettet sein können?

Nein, ich meine damit nicht, dass sie ohne Jesus gerettet sein können, aber sie können außerhalb der kulturellen Tradition der Kirche gerettet sein. Gott kann zu ihnen direkt kommen. Ich bin Menschen begegnet, die durch eine Vision Christen wurden. Ich kannte eine Missionarin, die nach Indonesien ging und mit Übersetzern in ein entlegenes Tal kam. Die Menschen dort hatten noch nie einen Fremden zu Gesicht bekommen. Sie sagte zu ihnen: „Ich bin gekommen, um euch vom Lamm Gottes zu erzählen, das kam, um die Sünden der Welt wegzunehmen". Sie sagten: „Davon wissen wir bereits". Sie fragte: „Von wem?"

Die Menschen erzählten daraufhin die Geschichte eines in der Zwischenzeit verstorbenen Mannes, der Richter dieses einen Stammes war. Für lange Zeit stand dieser Mann offensichtlich Todesängste aus, denn obwohl er der Richter über andere war, gab es niemanden, der über *ihn* richtete. Damit konnte er nicht leben. Er schrie auf und eines Tages sah er eine Vision von einem Lamm, das geschlachtet wurde. Es war eine Vision des Heiligen Johannes in der Apokalypse und er verstand, dass der Schöpfer starb, um ihn gerecht und recht zu machen, und dann glaubte er. Er hatte nie das Wort *Jesus* gehört, aber er glaubte an Jesus und er lehrte sein Volk gemäss seines Verständnisses. Manchmal geschieht das so. Das bedeutet nicht, dass wir den Menschen nicht davon erzählen sollen. Wir haben die Verantwortung, das zu tun, was wir können. Aber wir müssen auch nicht in der Verzweiflung leben und denken, Gott sei grausam und unfair, wegen der Menschen, denen wir nicht begegnen können.

30. Wie können Christen eine bessere Verbindung zu den Menschen des ersten und zweiten Kreises herstellen?

Das ist eine gute Frage, denn die meisten Menschen der Welt sind Monisten oder Dualisten der einen oder anderen Art. Wenn du Christ bist, besteht eine grosse Chance, dass du einen Monist oder Dualist als Nachbarn hast. Christen wissen, dass sie ihren Nächsten lieben sollen. Um jemanden zu lieben, musst du ihn verstehen, denn Liebe ist kein Gefühl. Liebe ist eine Beziehung zu anderen Menschen, die Verständnis, Kommunikation und Unterstützung beinhaltet. Und Liebe ist nicht debattieren und streiten. Wenn ich alles weiß und jede Debatte gewinne, aber keine Liebe habe, dann ist alles Müll. Wir müssen Menschen verstehen, um sie zu lieben, und nur dann kann Logik und Diskussion wirklich wertvoll sein. Es hilft auch, sich daran zu erinnern, was Christen und Nicht-Christen gemeinsam haben. Gott machte mich zum Christen, aber zuvor schuf er mich als Mensch. Als ich Christ wurde, habe ich nicht aufgehört Mensch zu sein. Als Christ habe ich viele Dinge nicht mit anderen Menschen gemeinsam. Auf der Ebene, dass ich Mensch bin, gibt es jedoch viele Dinge, die ich mit anderen Menschen gemeinsam habe. Etwas was ich noch hinzufügen will ist, wie wichtig es ist, anderen Menschen zuzuhören und tiefe menschliche Fragen zu stellen. Was bedeutet es, Mensch zu sein? Wie kennen wir uns selbst? Welche Bedeutung und Bestimmung habe ich? Wie kann ich mit meiner Schuld fertig werden? Mit diesen Fragen kämpft jeder. Die Christen unter uns wissen, dass die Antwort *Jesus* ist. *Aber was sind die Fragen?* Hier müssen wir mit den Menschen arbeiten und sie segnen. Wir dürfen den Leuten nicht sagen: „Es ist mir egal, welche Fragen du hast, glaube an Jesus, er ist die Antwort". Das hat nichts mit Liebe zu tun. Du verkaufst nur etwas. Wir müssen fragen: „Welche Fragen hast du?" Anschließend können wir hoffentlich sagen: „Ja, das sind auch meine Fragen! Wir sind Menschen. Wir leben in einer komplizierten Welt."

Dann können wir damit anfangen, die Antworten zu entdecken.

31. Du betonst, wie wichtig es ist, Fragen zu stellen. Wo werden wir in der Bibel ermutigt, Fragen zu stellen oder Wissbegier zu zeigen?

Gott lädt uns dazu ein, mit ihm zu argumentieren. Man sieht dies an verschiedenen Stellen. In Jesaja 1,18 sagt Gott: *„Kommt her, lasst uns prüfen, wer von uns recht hat, ihr oder ich!"*

Im ersten Buch Mose evangelisiert Gott Adam durch eine Reihe von Fragen: *Wo bist du? Wer hat dir das gesagt? Hast du gegessen?* Wenn dies Gottes Evangelisationsmethode ist, wäre es weise von uns, das durch gegenseitiges Fragenstellen nachzuahmen. Auch denke ich, dass das Fragenstellen einer der Gründe ist, warum Jesus will, dass wir wie kleine Kinder sind. Wie viele von euch haben jemals Kinder gekannt, die keine Fragen stellen? Diese Art Kinder existiert nicht. Es ist ihre Aufgabe, Fragen zu stellen. Gott möchte nicht, dass wir aufhören zu denken. Er möchte, dass wir fragen, dass wir alles prüfen – es berühren, es fühlen, es drücken.

32. Oft besuchen Nicht-Christen deine Gesprächsrunden. Welche Sichtweisen bringen sie ein?

Ich finde, dass Nicht-Christen oft eine frischere Perspektive mitbringen als Christen. Ich denke das kommt daher, dass Nicht-Christen nicht vom gleichen kulturellen, traditionellen, religiösen Raster herkommen. Ihre Fragen werden nicht in religiösem Jargon ausgedrückt, sondern meistens in gewöhnlichem Englisch, Deutsch, Russisch und so weiter. Wenn ein Christ eine Frage stellt, erwartet er, dass sie im

Kontext der christlichen Weltanschauung und christlich traditioneller kulturellen Erfahrung beantwortet wird. Das ist aber nicht die ganze menschliche Realität. Die Fragen, die mir von Christen gestellt werden, sind ziemlich vorhersehbar. Nicht-Christen haben die Tendenz, weniger berechenbar zu sein. Das hält deinen Adrenalinspiegel hoch und dich selbst wach. Das gefällt mir.

33. Wie sehen die besonderen Herausforderungen für Christen aus, wenn es ums Fragenstellen geht?

Ich denke eine Schwierigkeit bei wiedergeborenen Christen ist, dass sie wissen, sie sind in den Frieden Gottes hinein wiedergeboren. Aber sie denken, dass dieser Frieden das Fehlen von Konflikten bedeutet. Aber die Bibel meint das nicht, wenn sie von *Frieden* spricht. Sie meint damit *Shalom*, was eine Grundlage für Wohlergehen und für das Verstehen der Realität ist. Er ist die Grundlage, auf der man Konflikte austrägt und Fragen stellt. Und auf der man bekennt, nicht zu wissen und mehr wissen zu müssen. Viele Christen sind passiv und selbstgefällig in ihrem Glauben und vergessen, dass das Wort *Israel* bedeutet: *Der mit Gott ringt.*

34. Erweckt nicht das Fragenstellen den Eindruck von Zweifel und Unsicherheit, die wiederum die Schwächung des Glaubens zur Folge haben?

Fragen zu stellen macht es einfacher im Glauben, an den Dingen festzuhalten, an die wir laut Bibel glauben sollen. Wenn wir nie im Zweifel Dinge in Frage stellen, werden wir nie in unserem Verständnis wachsen. Die Bibel möchte, dass wir an einen persönlichen Gott und unsere persönliche Beziehung zu ihm glauben. Die Bibel möchte, dass wir die

Fragen anderer Menschen aufnehmen und dass wir unsere eigenen Fragen zur Realität stellen. Keine Fragen zu stellen bedeutet, dass unser Glaube schwach ist. Es bedeutet, wir vertrauen Gott nicht, dass er uns in Prozessen von Krise und Verwirrung stützen kann. Es gibt kein Wachstum ohne das Stellen von Fragen. In den Versen fünf bis sieben des vierten Kapitels der Sprüche werden wir aufgefordert, *Weisheit zu erlangen*. Das bedeutet, dass wir diese noch nicht haben. Ein Weg, sie zu bekommen, ist durch das Stellen von Fragen.

35. Wie reagiert Deine jetzige Kirchgemeinde auf Deine Fragen?

Langsam, aber positiv. Viele der Fragen, die ich in der Bibel und zur Bibel finde sind Fragen betreffend Paradigmenwechsel. Die meisten Leute brauchen viel Zeit, bis sie mit dieser Art Fragen zurechtkommen und es erfordert immer wieder behutsame Wiederholung.

36. Wie kann man lernen, bessere Fragen zu stellen?

Auf vielerlei Weise. Lies Bücher, die Fragen stellen. Lies Romane und schau Filme, die Fragen stellen und denke über die biblischen Antworten nach. Erkenne, dass manche Antworten nicht sauber verschnürt sind. Denke Dinge durch, bis hinunter zum Grund und hinaus an die Ränder. Sei mutig und unerbittlich, wenn es darum geht, gefährliche Fragen zu stellen. Lass dich nicht von beängstigenden Fragen abschrecken. Stelle Fragen, für die du nicht bereits eine Antwort annimmst. Denk darüber nach, warum die Frage gestellt wird. Welchen Unterschied wird die Antwort in deinem Leben machen? Sind deine Fragen verbal verstümmelt, schreib sie auf. Der Prozess ist endlos. Du musst wach bleiben.

37. Warum bist Du ursprünglich Buddhist geworden?

Ich wuchs in einer christlichen Atmosphäre auf und stellte weiterhin absolute Fragen. Aber die Christen, die ich kannte, hatten kein Interesse an meinen Fragen. Sie sagten: „Stell keine Fragen, glaube einfach. Werde wie ein kleines Kind und hab Glauben ohne Fragen zu stellen". Das machte für mich keinen Sinn. Erst später wurde mir klar, dass, wenn Jesus uns sagt, wir sollen wie kleine Kinder werden, er eigentlich will, dass wir fragen, nachforschen und erkunden. Aufgrund meiner frühen Unzufriedenheit mit dem Christentum stöberte ich in verschiedenen Philosophien und Religionen herum und probierte einiges aus. Ich war in der Rosenkreuzer Gesellschaft, bei den Bahai, bei der Self-Realization Fellowship von Paramahansa Yogananda und anderen Gruppen.

Ich habe mich dann auf Zen Buddhismus festgelegt, weil er sehr unreligiös ist. Zen Buddhisten sind an Absoluten interessiert und auch ich war an Absoluten interessiert. Ich schätzte auch die Tatsache sehr, dass sie die einzige Gruppe waren, die ich kannte, die keinen Schmuck verkauft.

38. Wie wurdest Du Christ?

Darauf gibt es verschiedene zutreffende Antworten. Eine davon ist: durch freien Willen. Eine andere Antwort ist: durch das souveräne Wirken des Heiligen Geistes. Eine korrekte Antwort muss beides beinhalten: Ich wähle und Gott wählt. In Bezug auf die Details meiner Wahl denke ich an einige konkrete Gründe. Zu den wichtigsten zählte die Erkenntnis, dass es weniger Glauben braucht an das Christentum zu glauben, als an irgendetwas anderes. Meiner Meinung nach braucht es mehr Glauben, um an den Humanismus zu glauben. Ich kenne Menschen, die glauben, dass der Mensch von Grund auf gut ist. Und ich denke, wow, was für ein großer Glaube! Sie glauben das, entgegen aller Indizien. Solch ein starker Glaube! Ich möchte keinen solchen Glauben haben. Zuviel Glaube ist destruktiv. Ich möchte einen kleinen Glauben an eine große Wahrheit haben. Ich möchte keinen großen Glauben an eine falsche Idee haben. Der Mensch kann alles glauben. Der Mensch kann glauben, dass die Welt flach ist, und er kann das so fest glauben, dass er bereit ist, dafür zu töten. Aber der Glaube, dass die Welt flach ist, macht die Welt noch lange nicht flach. Mein Glaube, dass Jesus Gott und Herr ist, macht ihn nicht zum Gott und Herren. Wenn er Gott und Herr ist, dann ist er das, unabhängig davon ob ich an ihn glaube. Während meiner Suche war das wichtig für mich – eine Wahrheit, die von meinem Glauben unabhängig war – und das unabhängigste Verständnis fand ich in der biblischen Weltanschauung. Auch während ich das Christentum studierte, stellte ich viele Fragen. Ich hatte wochenlang eine Denkschleife in meinem Kopf. Ich habe einmal in der englischen Operette *Der Mikado* gesungen und eine Textzeile lautete „Wer bist du, der diese Frage stellt?" Während ich nachforschte, hatte ich ständig diese Textzeile in meinem Kopf und dachte, vielleicht sollte ich dem meine Aufmerksamkeit widmen. Dann dachte ich, ich stelle all diese Fragen, aber wer fragt? Ich merkte, dass die buddhistische Antwort wäre: *Fragen ist*. Aber die christliche Antwort ist: *ich frage*. Das kam meiner eigentlichen Erfahrung meiner selbst näher. Ich stellte mein Leben lang Fragen. Das war also ein weiterer Grund, warum der christliche Glaube für mich Sinn machte. Ich hatte aber nicht die Kämpfe, die die meisten anderen Menschen haben. Viele Leute kämpfen mit Schuld oder der Verleugnung von Schuld, oder sie haben Mühe mit der Existenz des Übernatürlichen. Einige sind Naturalisten, wie viele Wissenschaftler oder Ingenieure, die glauben etwas existiert nicht, wenn sie es nicht messen und in Zahlen ausdrücken können. Ich aber hatte diese Schwierigkeiten nicht. Ich war schon mein ganzes Leben lang jemand, der an das Übernatürliche glaubt.

39. Welche Schwierigkeiten hattest du denn?

Was für mich entscheidend war, war die personale Natur der Realität. Eine meiner Fragen war: Ist das Nicht-personale notwendigerweise sub-personal? Wäre es nicht möglich, dass es ein überpersonales Nicht-personales gibt, aus dem Persönlichkeit hervorgeht? Anders ausgedrückt, kann die menschliche Realität, die personal ist, aus einer absoluten Realität hervorgehen, die unpersonal ist, oder kann eine unpersonale absolute Realität nur in Dingen resultieren, die weniger als personal sind? Das war eine ernsthafte Frage für mich und es war sehr schwierig, einen Christen zu finden, der sie ernst nahm oder der überhaupt die Frage verstand. Im Buddhismus wäre die Antwort *Ja* – eine unpersonale absolute Realität kann, in der Illusion der Vielfalt, eine personale menschliche Realität verursachen. Aber die christliche Antwort ist *Nein* – nur eine personale absolute Realität kann eine personale menschliche Realität schaffen. Ich wollte wissen, warum Christen an ihre Antwort glauben und warum die Antwort der Buddhisten vielleicht nicht richtig ist. Der Herr musste mich zur L'Abri Gemeinschaft in die Schweiz führen, bevor ich überhaupt Menschen finden konnte, die meine Frage verstanden und mir helfen konnten. Aber das war mein eigener einzigartiger Kampf. Wir sind alle verschieden. Ich kann dir erzählen, wie ich Christ wurde, aber du kannst es nicht auf die gleiche Weise werden. Du musst es auf deine Weise werden. Du bist nicht ich. Du bist einzigartig. Du musst zu Gott kommen und er zu dir – auf eine Weise, die du intellektuell, emotionell und existentiell verstehst, in einer Art, wie ich sie vielleicht nicht verstehe. Laut Bibel ist deine Beziehung zu Gott wie eine Ehe. Christen sprechen oft davon, ihren Glauben zu teilen. Aber ich glaube nicht, dass ich meinen Glauben teilen kann. Ich denke, ich kann *den* Glauben – was von Christen geglaubt wird – teilen, aber ich kann genauso wenig *meinen* Glauben teilen, wie ich meine Ehe mit dir teilen kann. Ich lebe in einer Ehe und ich kann dir davon erzählen, aber ich kann sie nicht mit dir teilen. Ich habe einen Glauben an Jesus Christus und kann dir davon erzählen, aber ich kann ihn nicht mit dir teilen. Du musst deinen eigenen haben. Du kannst ihn nicht haben, indem du eine andere Person kopierst oder indem du ihn von deinen Eltern oder Großeltern erbst. Man kann also sagen, dass Gott keine Enkel hat. Er hat nur Kinder. Jeder muss direkt zu ihm gelangen.

40. Da du ja nun jemand bist, der stets Fragen über Weltanschauungen stellt, denkst du dass es möglich wäre, dass du eines Tages eine andere Antwort findest und den Christlichen Glauben verwirfst?

Ich möchte darauf acht geben, dass mein Christsein nicht Fanatismus wird oder etwas, das ich glaube, weil ich es glaube. Falls jemand beweisen würde, dass die Gebeine Jesu gefunden worden sind, würde ich aufhören Christ zu sein, weil es sich damit als unwahr herausgestellt hat. Es gibt Teile meines Christseins, die ich genieße, aber ich würde sie für die Wahrheit opfern. Ich denke, man muss offen bleiben, aber zugleich treu und hingegeben. Du triffst vielleicht viele interessante Frauen, aber du solltest nur eine davon heiraten. Das bedeutet, du musst zu vielen Frauen nein und nur zu einer ja sagen. Wie ich schon sagte, die Beziehung zu Jesus ist mit einer Ehe zu vergleichen. Wenn du herausfinden würdest, dass deine Ehefrau ernsthafte Probleme hat, dass sie zuvor schon acht mal verheiratet war und neun Kinder hat, von denen du nichts weißt, wirst du die Situation vielleicht beenden. Auf ähnliche Weise würdest du durch eine fundamentale Krise gehen, wenn du entdeckst, dass Jesus eine Lüge ist. So weit ich mir das jetzt vorstellen kann, würde ich zum Zen Buddhismus zurückkehren. Allerdings muss die Unrichtigkeit des Christentums wirklich auf verschiedene Weisen ganz klar begründet sein, damit ich meinen Glauben aufgeben würde.

41. Begegnest du immer noch Menschen in der Kirche, die dir sagen: "Frage nicht, glaube einfach"?

Viel weniger – zum Teil, weil ich jetzt älter bin und die Leute höflich sein wollen. Zum Teil aber auch, weil ich Pastor einer Kirche bin, in der die Leute wissenschaftliche Nachforschungen betreiben. Ihre ganzen Karrieren drehen sich ums Fragenstellen.

Jedoch finde ich es interessant, dass viele Christen, die Wissenschaftler und Forscher sind, ihre wissenschaftliche Arbeit von ihrem religiösen Glauben trennen. Sie sagen, das eine ist Glauben, aber hier geht es um Wissen. Das ist schizophren. Ich denke nicht, dass das gesund ist. Das ist vielleicht daher so gebräuchlich, weil Aufteilen bedeutet, zu vereinfachen und Kontrolle zu haben und sich die Menschen dabei wohl fühlen. Aber ich ermutige immer dazu, Dinge zusammenzubringen. Alles gehört in Jesus zusammen. Wenn du die Bibel liest, solltest du nicht nur fragen: "Glaube ich das?" sondern auch: "Was bedeutet es?" Du wirst nie damit fertig, herauszufinden. Du musst wach bleiben. Du musst wie ein kleines Kind bleiben.

42. Deine offene Einstellung und Neugier sind für einen Pastor ungewöhnlich. Ist das ein Ergebnis deiner jahrelangen Ausübung des Buddhismus'?

Ich weiß nicht. Es gibt gewiss Dinge, die ich aus meiner Vergangenheit als Zen-Buddhist beibehalten habe, die gut sind. Dies sind nicht Dinge, die man nicht in der Bibel finden kann, aber sie wurden von Christen nicht besonders hervorgehoben. Hauptsächlich ist es der Gedanke, dass das Gewöhnliche wichtig ist. Im Zen sind die gewöhnlichen Dinge besonders und die besonderen Dinge gewöhnlich. Ich denke das ist biblisch, auch wenn Christen selbst dazu neigen, das Gewöhnliche zu ignorieren und die besonderen Dinge, die besonderen Erlebnisse, die besonderen Orte, die besondere Hardware höher zu bewerten. Im Buch *Prediger* werden wir dazu ermutigt, den Garten umzugraben, zu essen und Gott gegenüber dankbar zu sein. Das ist sehr gewöhnlich. Die Betonung des Gewöhnlichen in Zen beinhaltet auch die Wertschätzung der Schöpfung. Zen-Buddhisten wissen nicht, dass Gott sie geschaffen hat, aber sie wertschätzen sie. Einer der großartigen Sprüche des Zen ist: *Buddha ist ein Misthaufen.* Dies will sagen, dass du Buddha nicht kennst, wenn du ihn beim Arbeiten im Garten nicht im Misthaufen erkennst. Als Ergebnis davon neigen Zen Buddhisten nicht dazu, die Natur auszubeuten oder sie abzulehnen. Sie versuchen die Natur in die Buddha-Natur zu integrieren. Die Bibel weist uns Verantwortung für die Pflege der von Gott geliebten Schöpfung zu, aber die Christen nehmen sie manchmal nicht wahr.

43. Hast du eine Vorliebe für eine bestimmte Denomination?

Meine eigene persönliche Präferenz neigt zur Baptisten- und Brüdergemeinde. Jedoch kann ich großen Wert im Liturgischen sehen. Mir gefällt das. Ich erkenne eher den Wert im systematischen Ausleben der Heilsgeschichte Gottes und seines Wortes durch Symbole, Texte und Handlungen, als in einem planlosen „Wie-es-die-Gelegenheit-erfordert" oder „Wie-es-die-Laune-will"-Ansatz.

Gleichzeitig besteht die Gefahr, dass wir vielleicht beginnen, die Tradition der Liturgie selbst anzubeten. Auch haben viele Leute in liturgischen Kirchen wenig Ahnung davon, was all das bedeutet. Sie machen es, weil man es eben so macht. Sie machen es vielleicht aus einem Gefühl der Zugehörigkeit oder eines gesellschaftlichen Vorteils heraus, oder aus Gewohnheit. Jemand bezeichnete mal Liturgie als *Wahrheit, die hinter vielen sakralen Schleiern verborgen ist.* Ich denke, das mag für viele Menschen zutreffen.

44. Empfindest du den Schmerz des Lebens weniger schmerzhaft, weil du Christ bist?

Nein. Es ist hoffnungsvoller, aber ich erlebe nicht weniger Schmerz. Tatsächlich kann es mehr davon geben. Der Schmerz eines Christen ist nicht nur sein eigener Schmerz, sondern auch der der Welt, der Schmerz, den Christus für die Menschheit fühlt – nicht, dass ich verglichen mit anderen besonders sensibel darin wäre. Trotzdem denke ich, dass die Menschen im Leben als Christ, während sie ihren Weg gehen und das Rennen laufen, eher sensibler und nicht weniger sensibel werden. Das Leben wird intensiver, reicher, voller mit mehr Schmerz und mehr Freude.

45. Welches ist die wichtigste Antwort, die du von der Bibel erhalten hast?

Die vier Kapitel des Philipperbriefes sind für mich sehr kostbar. Paulus sagt uns hier, dass wir uns um nichts sorgen sollen, aber in allem, in allen Umständen unseres Lebens sollen wir in Gebet und Flehen unsere Anliegen vor Gott bringen. Verbirg nichts vor Gott. Bringe ihm alles. Berichte ihm deine Sichtweise. Sage ihm, was du möchtest. Du bist nicht Gott, du siehst nicht auf perfekte Weise, aber sag ihm was du möchtest. Finde heraus, wie du die Dinge siehst und was aus deiner Sicht gut wäre und sage es dann Gott. Nun, wenn du das tust, besteht das Versprechen ausdrücklich nicht darin, dass Gott dir das gibt was du erbittest. Das wäre ein fürchterlicher Fluch.

Einer der schlimmsten Wünsche, die man für jemand anderen haben kann ist, „mögest du bekommen, was du dir wünscht." Derjenige würde sicher zerstört werden. So sagt Gott nicht, dass er uns gibt was wir möchten. Das Versprechen lautet, dass er uns bewahrt. *Der Friede Gottes, der alle Vernunft übersteigt, wird unsere Herzen und Sinne bewahren, durch Jesus Christus.* So lautet das Versprechen. Wie wird das Versprechen in den Einzelheiten umgesetzt? Es gibt unendlich viele Möglichkeiten. Wir wissen nicht, wie das Einlösen dieses Versprechens von Person zu Person oder Umstand zu Umstand aussehen wird. Wir kennen nicht die Einzelheiten. Wir kennen nur die Sicherheit, dass Gott uns bewahrt und uns nie loslässt. Wenn wir also Situationen erleben, die schmerzhaft, ärgerlich, verwirrend, unangenehm, bedrohlich sind und wir uns fragen, ob Gott uns bewahrt...?

Dann können wir sicher sein, die Antwort ist immer JA.

Portrait des Autors von Andrzej Bednarczyk, Professor für Malerei an der Akademia Sztuk Pieknych in Krakau, Polen. Gezeichnet während eines Unterrichtes in Kazimierz, 1991.

Tiefer Dank an:

Peco Gaskovski,
unser Redakteur, der meiner niedergeschriebenen Stimme mit seinen reichen Gaben und enormen Arbeit Form, Ordnung und Farbe verlieh.

Katharine Wolff,
unsere Grafikerin, die mir zeigte, was ein Buch schön macht und wie man das macht.

Ralph McCall,
unser Verleger, der den Entstehungsprozess überblickte und mich hindurchführte.

Marsh Moyle,
dessen kritisches Lesen des ersten Entwurfes einige wichtige Veränderungen anregte.

Lillian Myers,
die vieles von diesem Material zuerst in Artikelform bearbeitete und veröffentlichte.

Ruth Gaskovski,
die niederschrieb und Korrektur las und vorschlug und ermutigte.

Der Übersetzer dankt:
Alexandra Hadersberger, Marie Hadersberger, Franz Eberle und Eberhard Weiss für ihre Korrekturvorschläge und Änderungsanregungen.

Destinée Media hat zum Ziel, eine frische Perspektive in Leben, Kultur und Weltanschauung zu bringen. Dieses erste Buch einer Reihe gründet sich auf Unterrichtseinheiten von Ellis Potter.

VIER QUELLEN DER ERKENNTNIS

Aus dem Amerikanischen
von Markus Thiel

Einleitung 125

Was Ist Autorität? 127

Epistemologie Ist Keine Krankheit 132

Die vier Ecken 137
   I. Die Bibel (Offenbarung) 139
   II. Rationalität 141
   III. Institution (Tradition) 145
   IV. Erfahrung 151

Getting Square („Viereckig Werden") 154
   Käse oder Bier: Was ist dir lieber? 156
   Vorlieben in religiösen Richtungen 159
   Deine „Epistemologische Temperatur" 165
   Die Denkansätze „Brunnen" Und „Erzählung" ... 167
   Mit einem einzigen Auge sehen 175

33 Fragen 181

EINLEITUNG

Woher weißt du das?

Wenn ich als Kind diese Frage stellte, bekam ich zu hören:

„Das wirst du verstehen, wenn du älter bist" oder „Die Trinität ist ein Paradoxon" oder irgendeine andere schwammige Antwort. Das half mir nicht, den Menschen zu vertrauen, denen ich diese Frage stellte. Ein großer Teil meines Lebens bestand aus der Suche nach Antworten auf die Frage „Woher weißt du das?" und daraus, herauszufinden, wie weit man zu den Grenzen des Wissens vorstoßen kann. Dieses Buch ist das Ergebnis von (bislang) 67 Jahren des Suchens.

Vermutlich hast du wie die meisten Menschen die Frage „Woher weißt du das?" schon oft gestellt. Wie alt warst du, als du dies zum ersten Mal fragtest? Wie alt warst du, als dir diese Frage zum ersten Mal gestellt wurde? Viele Kinder fangen im Alter von zwei oder drei Jahren an, solche Fragen zu stellen.

„Woher weißt du das?" schließt die Fragen „Wer hat das gesagt?" und „Aus welcher Quelle weißt du das?" mit ein. Wir alle müssen uns sicher sein darüber, was wir wissen. Aber verschiedene Quellen der Erkenntnis stehen in unserem Leben und in unserer Gesellschaft oft miteinander im Wettstreit oder gar im Konflikt. Sollte das so sein?

Sowohl unsere Identität als auch der Sinn unseres Lebens hängt davon ab, wie wir wissen können. Wenn verschiedene

Quellen der Erkenntnis in Konkurrenz miteinander sind, kann das verwirrend und spannungsvoll sein. Wie können wir damit umgehen? Sollen wir die eine Quelle anerkennen und die andere ablehnen? Oder befreien wir uns gleich von allen maßgebenden Erkenntnisquellen?

In diesem Buch werden wir einige dieser maßgebenden Quellen erkunden, welche unserem Wissen zugrunde liegen. In mancher Hinsicht sind diese Quellen sehr unterschiedlich, sie scheinen sogar kaum zusammenzupassen oder sich gar zu widersprechen. Aber wäre es nicht auch möglich, dass diese unterschiedlichen Autoritäts-Quellen sich gegenseitig ergänzen oder vervollständigen? Wir werden diese Möglichkeit untersuchen, da sie uns zu einem reicheren und umfassenderen Verständnis unseres Lebens und der Welt führen könnte.

WAS IST AUTORITÄT?

Welche Autoritäten hast du in deinem Leben? Wenn ich einer Gruppe von Menschen diese Frage stelle, bekomme ich in der Regel eine lange und unvorhersehbare Liste von Antworten. Hier ist ein Beispiel:

Die Eltern	Nahrung
Gott	die Familie
die Polizei	die Nation
die Regierung	geistige Fähigkeiten
Lehrer	die Sinne
Kollegen	die Naturwissenschaften
Freunde	moralische Werte
ich selbst	der Pfarrer
das Gesetz	eine Enzyklopädie
die Schwerkraft	die Bibel
berühmte Persönlichkeiten	Gefühle
Erfahrung	das Wetter
die Medien	der Teufel
die Werbung	

Was haben all diese Beispiele von Autorität gemeinsam? Oder anders gefragt: Was ist eigentlich Autorität? Manche Leute antworten: „Einfluss". Andere wiederum meinen: „Eine Quelle von Wahrheit". Viele Leute sagen: „Autorität ist etwas, das man jemandem oder einer Sache verleiht". Allerdings scheint das nicht wirklich zu funktionieren. So kann man z.B. der Schwerkraft keine Autorität „verleihen", weil die Schwerkraft diese einfach hat. Manche Dinge und manche Menschen besitzen Autorität, unabhängig davon, ob wir sie ihnen verleihen oder nicht. Sie hatten schon Autorität, bevor wir geboren wurden. Die Idee, dass manche Dinge an sich Autorität haben, bedeutet nicht, dass diese Autorität uns angenehm ist. Wenn du von einem Gebäude herunterfällst, wird dir die Autorität der Schwerkraft nicht dabei helfen, dein Leben zu retten.

Viele denken, dass Autorität gleichbedeutend ist mit „Kraft". Damit meinen sie nicht eine Form von physikalischer Energie, sondern die Ermächtigung in zwischenmenschlichen Beziehungen. Autorität scheint sowohl persönliche als auch nichtpersönliche Aspekte zu beinhalten. Die meisten Menschen anerkennen auch, dass Autorität eine Notwendigkeit des Lebens ist, obwohl sie missbraucht oder zweckentfremdet werden kann.

Ich würde Autorität folgendermaßen definieren:

Autorität ist die Macht, die Wirklichkeit zu beschreiben.

Was ist damit gemeint? Wie kann man das auf das reale Leben anwenden? Nehmen wir zum Beispiel Eltern und Kinder. Die Eltern stellen für junge Kinder eine Autorität dar, weil sie die Macht haben, die Wirklichkeit der Kinder festzulegen. Sie bestimmen die Zubettgehzeit, die Spielzeit und die Mahlzeiten der Kinder. Sie bezeichnen, wo die Kinder spielen dürfen – im Hinterhof oder im Garten, aber nicht auf der befahrenen Straße.

Ganz kleine Kinder können die Realität nicht selbst festlegen und brauchen die Autorität ihrer Eltern, um zu überleben. Sie besitzen weder die dazu notwendige Weitsicht noch die Erfahrung. Ihr Leben hängt von der Autorität der Eltern ab. Sie könnten sterben, wenn sie auf der Straße statt im Garten spielen.

Wir wissen aber auch, dass Eltern ihre Autorität nicht immer auf vollkommene Weise ausüben. Wir alle wurden während unserer Kindheit teilweise durch unsere Väter und Mütter verletzt, verzogen oder unterdrückt, weil diese Fehler begangen darin, wie sie ihre Autorität ausgeübt haben. Dennoch sind Kinder unbedingt abhängig von ihren Eltern, soweit wie sie die Wirklichkeit nicht für sich selbst beschreiben können. Es führt kein Weg daran vorbei.

Nicht nur kleine Kinder brauchen Autorität. Menschen jeglichen Alters brauchen die Autorität des Gesetzes, der Regierung, der Gesellschaft, der Familie und von wirtschaftlichen Strukturen, um sicher zu sein vor Chaos und Tod.

Ärzte sind ein weiteres Beispiel für Autorität. Ein Arzt hat die Macht, Krankheit und Gesundheit eines Patienten zu bezeichnen. Ein Arzt kann sagen: „Dies ist Ihre Krankheit, das sind die Ursachen, und hier sind Medikamente, um die Krankheit zu heilen." In vielen Fällen würde der Patient sterben, wenn er die Autorität des Arztes ablehnen würde. Und ebenso wie Eltern Fehler machen, machen auch Ärzte Fehler. Manchmal hat man einen unfähigen Arzt, und in diesem Fall könnte seine Autorität nicht hilfreich oder sogar gefährlich sein. Es kann vorkommen, dass ein Arzt Medikament X verschreibt, weil er weiß, dass der Hersteller von Medikament X ihn mit einem Luxusurlaub belohnen wird, wenn er genug davon verkauft.

Wie man anhand dieser Beispiele menschlicher Autorität sehen kann, gibt es keine Garantie, dass eine Autorität die Wirklichkeit korrekt beschreibt. Die Autorität beschreibt und wir hoffen, dass diese Beschreibung richtig ist, aber manchmal ist sie es nicht. Im Zusammenhang mit Autorität gibt es immer ein Element des Vertrauens. Vertrauen bedeutet, dass man ein Risiko eingeht und glaubt, dass aus der Autoritätsbeziehung ein Gewinn erwachsen wird und kein Schaden. Zwischenmensch- liche Autorität funktioniert am besten, wenn gegenseitiges Vertrauen besteht.

Werbefachleute haben die Autorität, der Öffentlichkeit die Realität von Genuss, Schönheit und Gesundheit zu beschreiben. Sie haben die Macht, uns zu sagen, womit wir uns identifizieren sollen: wie wir angenommen, beliebt, beneidet, einflussreich und bewundert werden können. Werbeagenturen haben die Macht, uns davon zu überzeugen, dass der Kauf und die Verwendung eines Sortimentes von Produkten uns eine positive Identität verleihen und Befriedigung geben wird.

Autorität ist mit dem Wort „auto" verknüpft, was „selbst" bedeutet, wie z.B. in „Automobil" und „Autobiographie". Aber wenn Autorität sich vom „selbst" ableitet, mit welchem „Selbst" sollten wir dann beginnen? Sollten wir mit „mir selbst" anfangen? Bedeutet das, ich selbst muss ein Gott für mich selber sein? Bin ich gut darin, Gott zu sein? Oder bezieht sich „selbst" auf ein mächtiges und vertrauenswürdiges anderes „Selbst"? Könnte dieses andere „Selbst" vielleicht Gott sein?

Hier eine weitere Frage, welche sich auf die Silbe „auto" in Autorität bezieht: Wie nennen wir eine Person, die ein Buch schreibt? Wir nennen sie „Autor". Ein Autor hat die Autorität, die Realität in seinem Buch zu beschreiben.

Nehmen wir einmal an, Mary schreibt einen Roman, und darin schreibt sie: „John ist Alkoholiker". Nun liest George den Roman und sagt: „Ich glaube nicht, dass John Alkoholiker ist. Es ist nicht fair und nicht nett, ihn einen Alkoholiker zu nennen." Was denkst du, wie Mary reagieren wird? Wenn sie so ist wie die meisten Autoren, wird sie wahrscheinlich sagen:

„Mein lieber George, du bist vollkommen verrückt! *Ich* bin die Autorin meines Buches und ich kann darin sagen, was immer ich will. Wenn ich sage, dass John grün ist und fünf Beine hat, dann ist er grün und hat fünf Beine. Für dieses Buch bin ich Gott." Das ist die Autorität eines Autors. Der Autor eines Buches hat die Macht, die Realität dieses Buches so zu beschreiben, wie immer er sie haben möchte.

Die Art und Weise, wie Menschen ihre Autorität nutzen, kann gut oder schlecht, vernünftig oder dumm, ein Segen oder ein Fluch sein, aber auf jeden Fall beinhaltet sie die Macht, zu beschreiben, wie die Welt ist.

Es gibt viele Arten von Autorität auf der Welt. In diesem Buch geht es vor allem um autoritative Quellen, die unserem Wissen zugrunde liegen – unserem Wissen über irgendetwas. Was aber hat Autorität, uns zu helfen, *wirklich zu wissen*?

EPISTEMOLOGIE IST KEINE KRANKHEIT

Was ist *Epistemologie*? Es ist keine Krankheit. Es ist die Lehre darüber, wie wir wissen, und wie wir wissen, dass wir wissen.

„Epistemologie" leitet sich aus den griechischen Worten für „Erkenntnis" und „Lehre" ab. Folglich geht es darum, wie wir Informationen erfassen und in einen Zusammenhang bringen. Es geht darum, wie wir Informationen und Erfahrungen verarbeiten und wie wir mit ihnen umgehen.

Epistemologie ist etwas ganz Normales. Man betreibt sie jeden Tag, auf ganz unterschiedliche Weise. Ein Beispiel: Weißt du, ob du Schokolade magst? Wenn ja, woher weißt du das? Musstest du das vorher mit jemandem durchdiskutieren? Musstest du ein Buch lesen, um herauszufinden, ob du Schokolade magst? Musstest du eine mathematische Gleichung dazu lösen?

Nein. Du weißt aus Erfahrung, dass du Schokolade magst. Du steckst ein Stück in den Mund, du empfindest dabei Genuss, und dann weißt du es. Über dieses Wissen lässt sich nicht diskutieren. Wenn du mir sagst, dass du Schokolade magst, und ich zweifle es an, dann ist das schlichtweg albern.

Die Römer hatten ein Sprichwort: „De gustibus non est disputandum." Das bedeutet: „Über Geschmack lässt sich nicht streiten." Geschmack beruht auf Erfahrung. Wenn du mir erzählst, dass deine Lieblingsfarbe Rot ist, dann wäre es lächerlich von mir zu sagen: „Das stimmt nicht, es sollte Blau sein" oder „Willst du nicht lieber Blau nehmen?". Erfahrung kann nicht in Frage gestellt werden, ihre (Be)Deutung hingegen schon.

Wie wäre es damit: Du weißt, dass zwei plus zwei vier ergibt. Woher weißt du das? Manche antworten, dass ihr Lehrer es ihnen früher einmal gesagt hat. Aber der Lehrer kann ihnen unmöglich alle möglichen Zahlenkombinationen der Addition beigebracht haben. Wir lernen eine vernünftige Vorgehensweise, wie alle möglichen Zahlen zusammenpassen und miteinander verknüpft werden können. Vernünftig, „rational", bedeutet hier, die Wirklichkeit in „Ratios", d.h. in Beziehungen, zu erfahren.

Du weißt, dass zwei plus zwei vier ergibt, aber du weißt nicht, wie das schmeckt. Somit unterscheidet sich dein Wissen über zwei plus zwei von deinem Wissen über Schokolade. Welches Wissen ist nun wahrer? Beide sind gleich wahr, aber es sind ganz unterschiedliche Arten des Wissens.

Du weißt auch, dass du bei einer roten Ampel anhalten musst und bei Grün fahren darfst. Woher weißt du das? Viele Menschen sagen, dass Wissen etwas Logisches ist. Das stimmt aber hier nicht. Rot ist eine heiße, aktive Farbe und signalisiert:

„Los!". Jeder Stier und jede Biene kann das bestätigen. Grün ist eine kühle, ruhige Farbe. Sie steht für Entspannung. Das wiederum kann jeder Innenarchitekt bestätigen. Unser Wissen über die rote und die grüne Ampel ist nicht logisch, es ist traditionell bzw. kulturell. Es ist wahres, notwendiges und lebensrettendes Wissen, denn obwohl dieses Wissen nicht rational ist, wäre es unklug, es zu ignorieren. Wir brauchen diese Art von Wissen, um unser Leben führen zu können. Es ist ein tief verwurzelter Brauch und Rhythmus für das Leben. Bei

Rot zu stehen und bei Grün zu gehen wird bei Fußgängern und Fahrzeuglenkern als gegeben vorausgesetzt. Wenn wir es missachten, könnten wir in einen Unfall geraten und sterben. Kulturelles, traditionelles Wissen unterscheidet sich von Erfahrungswissen und von rationalem Wissen. Es ist aber gleich wahr.

Du weißt, dass deine Freunde dich mögen. Woher weißt du das? Vielleicht sagen sie es dir. Oder sie schätzen deine Nähe. Oder sie lachen bei deinen Scherzen oder sie ermutigen dich. Dieses Wissen kann sehr zart oder sehr stark sein. Wir brauchen diese Art von Wissen in unserem Leben.

Du weißt, dass die Bibel, der Koran, die Upanischaden, die Thora oder irgendein anderes heiliges Buch wahr ist. Woher weißt du das? Vielleicht aufgrund ihrer historischen Glaubwürdigkeit, wegen ihrer inneren Stimmigkeit oder weil sie sich auf dein eigenes Leben anwenden lassen und zu deinem Wohlergehen beitragen? Dein Wissen darüber, dass die Bibel oder ein anderes Buch wahr ist, wird aber auch Glauben beinhalten – auf eine ähnliche Weise, wie du auch ein gewisses Maß an Glauben brauchst, um zu wissen, ob ein Freund dich mag.

Wie man anhand dieser Beispiele sehen kann, gibt es viele unterschiedliche Wege, um zu Erkenntnis und Wissen zu gelangen. Vielleicht fallen dir auch noch andere Beispiele ein. Wissen ist etwas derart Reichhaltiges und Vielschichtiges, dass wir es nicht vollständig begreifen können. Wenn wir jeweils von nur einem dieser Erkenntniswege ausgehen, können wir nicht das ganze Bild erkennen. Wir wissen nicht von allem, wie es schmeckt, und nicht alles hat einen Geschmack. Nicht alle unsere Erkenntnis ist logisch. Für eine vollständige und lebendige Epistemologie sind dennoch all diese Wege zum Wissen notwendig. Die Beziehung zwischen den unterschiedlichen Arten des Wissens sollte jedoch nicht bestimmt sein durch Konkurrenzkampf, sondern durch Komplementarität, das bedeutet, dass sie einander brauchen und sich gegenseitig ergänzen.

DIE VIER ECKEN

Sehen wir uns einmal die unterschiedlichen Quellen an, aus denen wir Erkenntnis schöpfen können. Stell dir einmal ein Quadrat vor. Jede der Ecken steht für eine maßgebliche Erkenntnisquelle unseres Wissens oder unserer Epistemologie. Wir werden nicht nur jede dieser Ecken einzeln betrachten, sondern auch ihre Beziehungen untereinander untersuchen und sehen, warum alle nötig sind für eine vollständige Erkenntnislehre.

DIE ERSTE ECKE: DIE BIBEL (OFFENBARUNG)

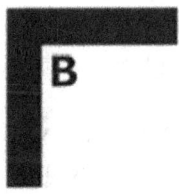

B (Die Bibel)

In der ersten Ecke steht der Buchstabe **B** für **Bibel** (oder Offenbarung). Die Bibel, wie auch andere Offenbarungen, z.B. der Koran, die Upanischaden und die Veden, sagt Dinge über die Wirklichkeit, die wir auf keine andere Art wissen können. So bringt die Bibel beispielsweise zum Ausdruck, dass die Wirklichkeit nicht mechanisch ist, sondern grundlegend persönlich, beginnend mit einem Gott, der die Dreieinigkeit von drei Personen ist. Diese Tatsache, wenn sie wahr ist, kann nicht durch Wissenschaft oder Vernunft festgestellt werden. Sie kann nicht durch die Beobachtung der physischen Welt oder durch Experimente im Labor entdeckt werden. Es ist Erkenntnis aus Offenbarung. Natürlich soll eine derartige Information nicht der Wissenschaft oder der Vernunft widersprechen; sie sollte das ergänzen, was wir durch die Wissenschaft und die Vernunft erkennen. Aber diese Information kann nicht wissenschaftlich erlangt werden.

Offenbarung bedeutet Information, welche aus der übernatürlichen in die natürliche Welt gelangt. Betrachten wir zur Verdeutlichung die Information an sich. Weithin geht man davon aus, vor allem im Bereich der Biologie, dass Information (z.B. der genetische Code) die Funktionen der lebenden Materie steuert. Obwohl also Information offensichtlich existiert und die Materie lenkt, gibt es keinen Nachweis dafür, dass die Materie Information *hervorbringt*. Um diesen Sachverhalt zu verstehen, ist die vernünftigste Hypothese oder Annahme diejenige, dass Information übernatürlich ist. Die „religiösere" Hypothese hingegen wäre, anzunehmen, dass Materie trotzdem Information produziert, und wir glauben daran, dass der Prozess, wie das geschieht, irgendwann einmal entdeckt werden wird. Diese „Religion" nennt man Wissenschaftsgläubigkeit (engl. „scientism") und meint damit den Glauben, dass die Wissenschaft alle Wahrheit entdecken kann (gestützt auf die nicht bewiesene Voraussetzung, dass Materie die gesamte Wirklichkeit umfasst). Aber diese Art von Glauben erscheint mir ziemlich übersteigert. Die Wissenschaft ist ein wunderbares Geschenk, aber es ist keine gute Idee, sie uneingeschränkt zu verehren.

DIE ZWEITE ECKE: RATIONALITÄT

B (Die Bibel)   **R** (Rationalität)

In der zweiten Ecke steht der Buchstabe **R** für **Rationalität** (Vernunft). Wie bereits erwähnt bedeutet Rationalität, dass man die Wirklichkeit in Verhältnissen oder Beziehungen sieht. Verhältnisse oder Beziehungen zu verstehen bezieht Logik mit ein; solche Erkenntnisse kann man meistens mathematisch ausdrücken.

Durch die Vernunft können wir Dinge über die Wirklichkeit erkennen, die wir aus der Bibel oder anderen Offenbarungen nicht erschließen können. So hat sich z.B. auf Grundlage der Vernunft die Zahnmedizin entwickelt. In der Bibel wird Zahnheilkunde nicht erwähnt. Wenn nun jemand all sein Wissen ausschließlich aus der Bibel (oder allgemein aus der Offenbarungsecke) ableiten möchte, wird er womöglich nie zum Zahnarzt gehen, weil Zahnheilkunde außerbiblisches Wissen ist. Dennoch sind die Kenntnisse der Zahnmedizin ein Weg, um dem biblischen Gebot, über die Schöpfung zu herrschen, nachzukommen. Wir sollten uns nicht einfach „mit dem Fluss" des Zahnverfalls treiben lassen, sondern diesen stoppen! In diesem Sinne steht die Zahnheilkunde nicht im Widerspruch zur biblischen Lehre, sondern ergänzt (oder vervollständigt) sie. Sie lässt uns die Welt umfassender verstehen.

Rationalität ermöglicht dem Menschen die Herrschaft über den Rest der Schöpfung. „Zivilisation" bedeutet die Beeinflussung der Natur gemäß den rationalen Vorstellungen der Menschen. Zum Beispiel wächst Weizen natürlicherweise entlang von Flussufern, und zwar zusammen mit vielen anderen Pflanzen. Die menschliche Zivilisation erfordert nun, dass Menschen zum Weizen sagen: „Jetzt wächst du hier auf diesem Feld, und keine andere Pflanze soll hier wachsen!" So würde sich Weizen natürlicherweise nicht verhalten, sondern es geschieht, weil eine übernatürliche Quelle rationaler, erfinderischer und schöpferischer Kraft dem Weizen ihren

Willen aufdrängt. Wenn die Menschen die Natur nicht auf diese rationale und kreative Weise beeinflussen würden, dann wäre unsere Gesellschaftsform niemals möglich. Wir müssten wieder als Jäger und Sammler leben. Gleichzeitig muss diese Beherrschung der Natur mit einer sorgfältigen Bewirtschaftung und Bewahrung einhergehen, sonst bleibt keine Natur mehr übrig, mit der man arbeiten kann.

Wenn die Beziehung zwischen Rationalität und Offenbarung eine sich gegenseitig ergänzende ist, dann bedeutet das auch, dass beide Ecken wesentlich sind, aber keine von beiden ausreichend. Sie stehen auch miteinander in Beziehung. Wenn Gott die Welt geschaffen hat, dann können wir, wenn wir die Schöpfung genau betrachten, vieles über den Schöpfer herausfinden. Die Schöpfung ist schön, geordnet, beständig und verlässlich. Gott lädt uns ein, all dies zu beobachten, um Ihn dadurch besser zu verstehen. Je mehr wir entdecken durch Archäologie, Molekularbiologie, Quantenphysik und andere Wissensbereiche, die sich auf die Vernunft abstützen, desto mehr wissen wir über Gott und sein Werk.

DIE DREITE ECKE: INSTITUTION (TRADITION)

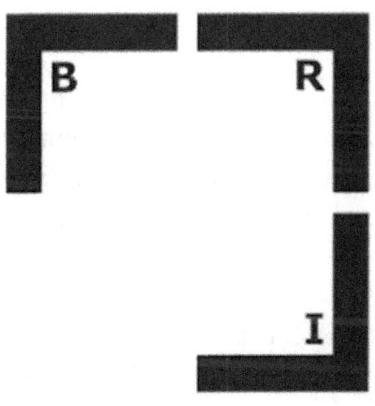

B (Die Bibel)   **R** (Rationalität)
               I (Institution)

Die untere rechte Ecke **I** steht für **Institution** bzw. Tradition. Sie ist die dritte maßgebende Quelle, aus der wir Erkenntnis gewinnen können.

Institution bezeichnet eine bestimmten stabilen Mustern folgende Form menschlichen Zusammenlebens über die Zeit. Das beinhaltet Einrichtungen wie Ehe, Familie, Freundschaft, Gemeinde, Volk, Kirche und andere Formen, in denen Menschen in Beziehung zueinander stehen. Alle Institutionen entwickeln Traditionen, die uns dabei helfen, unser Wissen zu bilden und zu bewahren, sodass nicht jede Generation das Rad neu erfinden muss. Manche Traditionen sind kurzlebig, andere währen länger.

Durch Institutionen lernen wir Dinge, die wir nicht durch Vernunft oder Offenbarung erkennen können. Solches Wissen kann auch nicht mathematisch ausgedrückt werden. Institutionen bewirken Erkenntnis durch zwischenmenschliche Beziehungen.

Die Offenbarung der Bibel sagt uns (z.B. im 1. Johannesbrief 4,19-21), dass wir Gott und seine Liebe nur dadurch kennen können, dass wir einander lieben. Wir können einander aber nur in Institutionen (d.h. in Formen des Zusammenlebens) lieben. Wir können diese Liebe nicht erfahren, indem wir eine religiöse Zeremonie durchführen. Wir können sie auch nicht nur spüren. Liebe ist kein Gefühl. Liebe ist eine Reihe von verantwortungsvollen Entscheidungen, die den anderen so fördern und ermutigen, dass er zu der Person werden kann, welche Gott vorgesehen hat. Das Ziel der Liebe ist, uns vollständig echt zu machen.

Wie du sehen kannst, ist Liebe nicht selbstzentriert. Das Zentrum der Liebe, ihr Fokus, ist die andere Person. Somit ist das Ziel der Liebe nicht, dass ich meine eigene Befriedigung, mein Verlangen oder mein Vergnügen ausdrücken kann. Das Ziel der Liebe ist nicht meine eigene Befriedigung, nicht einmal die Befriedigung des anderen. Das Ziel der Liebe ist, Menschen in der Wahrheit zu gründen. Aus diesem Grund erfahren wir Liebe manchmal als schwierig oder schmerzhaft.

Viele Leute haben den Eindruck, dass sie die Liebe Gottes dann erfahren, wenn sie von anderen Menschen geliebt werden. Das ist aber nur die halbe Wahrheit. Das ist die Liebe, die wir bekommen oder empfangen. Die andere Hälfte der Wahrheit ist, dass wir die Liebe Gottes erfahren, indem wir andere Menschen aufopferungsvoll lieben. Dies ist Liebe, die wir geben. Das Empfangen und das Geben sollten sich also ergänzen und nicht miteinander in Konkurrenz stehen.

Wir können die Liebe nicht dadurch erkennen, dass wir ausschließlich die Bibel lesen. Wir können Liebe auch nicht durch die Vernunft erkennen. Wir müssen diese Liebe in Beziehungen ausleben, in Institutionen. Im Alten Testament bedeutet das hebräische Wort für „erkennen" Geschlechtsverkehr. Mit rationaler Distanziertheit hat das wenig zu tun, sondern es ist eine verbindliche, engagierte und hingegebene Art der Erkenntnis.

Wir sollten nicht denken, dass wir uns in eine Höhle zurückziehen können mit unserer Bibel und auf diese Weise Gott erkennen können, so wie wir es nötig haben. Gemäß der biblischen Weltanschauung funktioniert das so nicht. Die Bibel sagt uns, dass wir in Beziehungen leben müssen, in Familien, Kirchen, Kulturen und Nationen. Gott zu kennen beinhaltet, dass wir andere innerhalb dieser Institutionen lieben.

Natürlich kann man die Institution bzw. Tradition als Erkenntnisquelle überbetonen oder fehlinterpretieren. Manchmal sagen Leute: „Wir wissen, dass das wahr ist, weil wir es schon immer so gemacht haben". Oder sie sagen: „Es ist wahr, weil wir schon immer daran geglaubt haben." Oder ein älteres Kirchenmitglied meint, da es sich an modernen Bibelübersetzungen stört: „Wenn die King James Übersetzung gut genug für den Apostel Paulus war, dann ist sie auch gut genug für mich". Diese Art zu denken entfernt die I-Ecke aus dem für sie notwendigen Zusammenhang der anderen Ecken.

Unser Verständnis vom christlichen Glauben wurde durch mehrere frühkirchliche Konzile und durch historische Entwicklungen innerhalb der Kirche vertieft. Diese Institutionen versorgten uns mit einer zunehmenden Bestimmung und Verfeinerung der Wahrheit, welche in der Bibel ausgedrückt wird. Ein Beispiel für eine derartige Verfeinerung ist das Bekenntnis von Nicäa, das wie folgt beginnt: „Wir glauben an den einen Gott, den Vater, den Allmächtigen, den Schöpfer alles Sichtbaren und Unsichtbaren. Und an den einen Herrn Jesus Christus, den Sohn Gottes, der als Einziggeborener aus dem Vater gezeugt ist, ..."

Das Bekenntnis von Nicäa enthält nichts, was man nicht auch in der Bibel finden würde. Das Glaubensbekenntnis wurde von einer Gruppe von Leuten entwickelt, die zusammenkamen und einen Weg suchten, wie man die grundlegenden Ideen der Bibel zum Ausdruck bringen kann. Das Glaubensbekenntnis ist ein Ergebnis dieses Treffens, der Gebete, Gespräche und des Bibelstudiums dieser Menschen von damals. Das Glaubensbekenntnis fügt unserem Verständnis von Gott und dem christlichen Glauben eine Beschreibung und Verfeinerung hinzu. Es richtet den Blick der Gläubigen auf zentrale Aspekte der Wahrheit und verhindert so, dass Irrlehren in das Gottesverständnis der Menschen eindringen. Das Glaubensbekenntnis ändert dabei die Aussagen der Bibel nicht – es erfindet das Rad nicht neu, es erfindet die Wahrheit nicht neu – aber es widerspiegelt die Wahrheit und fasst sie zusammen.

Das Bekenntnis von Nicäa ist ein Beispiel für Erkenntnis, die wir durch Gemeinschaft bzw. Institutionen empfangen haben. Wir erlangen Wissen über Gott durch unser Leben in der historischen Institution Kirche. Wir erkennen durch die sich schenkenden, sich gegenseitig unterordnenden und sich gegenseitig unterstützenden Beziehungen in der Gemeinschaft des Volkes Gottes.

Viele von uns haben in Gemeinden gelitten unter schlechten Leitern, Vorurteilen, Scheinheiligkeit, Missbrauch, Ablehnung, Manipulation oder Zwang. Das könnte uns dazu verleiten, die Kirche abschaffen zu wollen. Dadurch würde man aber sprichwörtlich das Kind mit dem Bade ausschütten. Die Institution muss ein Teil der Mischung sein, wie wir in der Wirklichkeit leben und wie wir die Wirklichkeit erkennen.

Es gibt noch eine tiefere Art, die Bedeutung von Beziehungen für die Epistemologie zu erkennen: Das Verständnis, dass Fakten nicht gleichbedeutend mit Wahrheit sind. Wahrheit ist Fakten plus *Bedeutung*! Was aber bedeutet *Bedeutung*? Bedeutung bedeutet Beziehung, was wiederum bedeutet, dass nichts aus sich selbst heraus Bedeutung hat. So liegt zum Beispiel die Bedeutung der Farbe Rot nicht im Rot selbst, sondern im Zusammenspiel von Rot mit Grün und Blau und den anderen Farben. Die Bedeutung von Adam im Schöpfungsbericht der Bibel lag nicht in ihm selbst, sondern in seinen Beziehungen mit Gott und mit Eva. Die Bedeutung von Jesus liegt nicht in Jesus selbst, sondern in seiner Beziehung mit dem Vater und dem Heiligen Geist. Die Bedeutung von dir liegt nicht in dir selbst, sondern in deinen Beziehungen mit anderen. Jedes wahre Wissen ist in verschiedener Hinsicht beziehungsmäßig.

DIE VIERTE ECKE: ERFAHRUNG

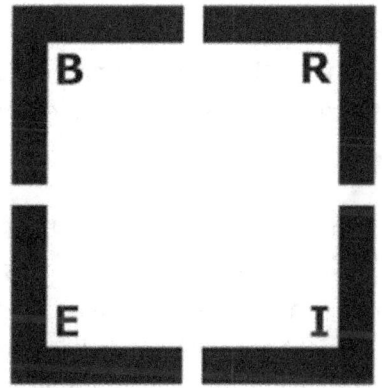

B (Die Bibel)　　　　**R** (Rationalität)
E (Erfahrung)　　　　**I** (Institution)

Die vierte Ecke **E** steht für **Erfahrung**. Unsere persönliche Erfahrung ist wesentlich, um die Wirklichkeit zu verstehen. Wir müssen Ehrfurcht, Angst, Trauer, Hoffnung, Trost und Dankbarkeit erfahren, weil die anderen Ecken sie uns nicht vermitteln können. Persönliche Erfahrungen sind subjektiv, das heißt, sie hängen von unserem eigenen Standpunkt oder Blickwinkel ab, welcher einmalig ist. Aber die Tatsache, dass unsere Erfahrungen subjektiv sind, bedeutet nicht, dass sie nicht wahr wären! Es gibt objektive und subjektive Seiten der Wahrheit, und beide sind wesentlich. Tatsächlich gibt es keine rein objektive Wahrheit und auch keine rein subjektive Wahrheit. Jede echte Wahrheit ist immer beides, sowohl objektiv als auch subjektiv. Die wahre und lebendige Beziehung zwischen der Objektivität und der Subjektivität von Wahrheit sollte ergänzend sein und nicht im Widerstreit stehen.

Wenn vier Leute aus unterschiedlichen Blickwinkeln Zeuge eines Autounfalls werden, dann wird das, was sie sehen oder subjektiv erfahren, unterschiedlich sein. Diese Erfahrungen des Unfalls sollten nicht gegeneinander konkurrieren, sondern sich gegenseitig ergänzen, um vollständigere Kenntnis über den Hergang zu ermöglichen. Es gibt Kritiker der vier Evangelien, die möchten uns glauben machen, dass wenn es keine objektive Erfahrung des Unfalls gibt sondern nur mehrere subjektive, der Unfall gar nie passiert ist. Aber den Unfall hat es gegeben und auch Jesus hat es objektiv gegeben! Und es gibt von beidem subjektive Erfahrungen.

Persönliche Erfahrung ist eine maßgebende Erkenntnisquelle für die Wirklichkeit. Wir alle haben individuelle, subjektive und unvermittelbare Erfahrungen über die Natur, die Menschlichkeit, die Liebe, Heilung, Erkenntnis, Führung, Phantasie, Einfühlungsvermögen und die Wirklichkeit als Ganzes. Alle diese Erfahrungen beeinflussen und formen unsere Epistemologie.

Durch diese persönlichen Erfahrungen begreifen wir Dinge, die wir nicht durch Bibellesen lernen können. Wir erkennen diese Dinge auch nicht durch Nachdenken und Argumentieren. Wir erkennen sie auch nicht durch Institutionen.

Christen wissen, dass Gott sie liebt, weil Er sie tröstet. Er begeistert sie. Er gibt ihnen Freude und erfüllt ihre Herzen mit Erstaunen und mit dem Heiligen Geist. Gott ist ein persönlicher und beziehungsmäßiger Gott, deshalb kann die Gotteserkenntnis einer Person nicht aus der Distanz erfolgen. Sie muss sehr innig sein. Sie wird für jede Person einzigartig sein. Es ist wie eine Ehe: Ich könnte die tiefen Erfahrungen meiner Ehe nicht mit dir teilen, ebenso wenig wie du die Erfahrungen deiner Ehe mit mir teilen könntest. Und dennoch ist diese Erfahrung ganz wesentlich für uns, um die Ehe wirklich zu kennen.

Dennoch darf Erfahrung, obwohl sie notwendig ist, nicht von den anderen Ecken abgetrennt werden. Wenn ich mich nur auf meine Erfahrung verlasse, um die Wirklichkeit zu erkennen, dann lebe ich in einer „Erfahrungsblase". In diesem Fall müsste ich sagen: „Gott *ist* meine Erfahrung." Wenn aber Gott nicht mehr ist als meine Erfahrung, dann bete ich mich selbst an, was vollkommen selbstbezogen ist. Das wäre nicht das Christentum. Das wäre Humanismus oder eine Verabsolutierung des „Selbst" - es zwingt mich, mein eigener Gott zu sein.

GETTING SQUARE
(„VIERECKIG WERDEN")

Jede der vier Ecken stellt eine andere Autorität für unsere Erkenntnis der Wirklichkeit dar. Jede Ecke ist *einzigartig* in dem Sinne, dass sie uns etwas mitteilt, was die anderen Ecken nicht können. Jede Ecke ist *notwendig* in dem Sinne, dass wir Gott und die gesamte Wirklichkeit nicht verstehen können, wenn wir eine der Ecken aus unserer Epistemologie auslassen.

Wir brauchen alle vier Ecken. Wir können die Wirklichkeit nicht wahrhaft erkennen, wenn wir nur unseren Verstand gebrauchen. Wir können die Wirklichkeit nicht wahrhaft erkennen, wenn wir nur die Autorität von Institutionen anerkennen. Wir können die Wirklichkeit nicht wahrhaft erkennen, wenn wir den ganzen Tag in einem Raum sitzen und ein heiliges Buch lesen. Wenn wir nur nach persönlicher Erfahrung streben, Engel sehen und Prophezeiungen aussprechen, aber nicht die anderen Ecken berücksichtigen, um unser Verständnis von der Wirklichkeit zu vervollständigen, dann ist unsere persönliche Erfahrung nicht ausreichend – und vielleicht sogar gefährlich.

Tatsächlich kann jede der vier Ecken gefährlich sein, wenn sie von den anderen abgetrennt wird. Das bedeutet aber nicht, dass wir ohne sie leben können. Unser Verstand ist nicht zuverlässig, wenn wir uns nur auf ihn konzentrieren, weil er uns von unseren Emotionen, Intuitionen und unserer Vorstellungskraft abtrennen kann. Auch die Institutionen sind nicht zuverlässig. Die Kirche zum Beispiel kann manipulativ werden oder sich zu stark mit dem Staat verbinden. Die Bibel ist auch nicht zuverlässig, wenn sie von den anderen Ecken abgetrennt wird. Denn um die Wirklichkeit umfassend verstehen zu können, brauchen wir sowohl unseren Verstand, unsere Erfahrungen, als auch die Institutionen und Traditionen der Gemeinschaft, damit wir unser Verständnis der Schrift in den richtigen Zusammenhang stellen können.

Manchmal fragen Leute: „Welche der Ecken ist die Wichtigste? Welche steht über den anderen?" Die vier Ecken stellen jedoch keine Hierarchie dar. Keine steht höher als die anderen. Sie sind komplementär, das heißt, sie sind alle für das Wirklichkeitsverständnis notwendig. Keine der Ecken dominiert die anderen. Ihre Arbeitsweisen sind unterschiedlich und sie sind untereinander nicht austauschbar. Sie sind alle wesentlich, unterschiedlich und einzigartig. Keine ist unselbständig und keine ist die Erste. Sie sind alle grundlegend und eigenständig.

KÄSE ODER BIER: WAS IST DIR LIEBER?

Manche Leute nennen den Vortrag, der die Grundlage für dieses Buch ist, den Käse-Vortrag („Cheese Lecture" auf Englisch). Wenn man nämlich in der „B"-Ecke des Quadrats beginnt und im Uhrzeigersinn weitergeht, dann kann man den ersten Buchstaben jeder Ecke zu „Brie" zusammensetzen, einem französischen Käse. In anderer Reihenfolge kann man auch das Wort „Bier" daraus bilden. Käse oder Bier – offensichtlich ein nahrhaftes und einladendes Thema!

Als ich einmal diesen Vortrag in der Schweiz hielt, warf ein evangelikaler Bibellehrer ein: „Sie müssen Ihr Diagramm neu malen und die Bibel an der Spitze darstellen, so dass sie von oben alles darunter Stehende durchdringen kann, oder man müsste die Bibel zuunterst hinsetzen, damit sie die Grundlage für alles ist." Auf einer persönlichen Ebene als Pastor war ich geneigt, ihm zuzustimmen. Aber in diesem Fall vertraue ich meiner natürlichen Neigung nicht. Eigentlich vertraue ich vielen meiner natürlichen Neigungen nicht. Wenn ich ein Sünder bin, wenn ich zerbrochen und verwirrt bin, wenn ich entstellt bin, dann sollte ich *erwarten*, dass meine Wahrnehmung den Brennpunkt nicht klar sieht. Dies mag vielleicht nicht ermutigend sein, aber es ist wahr. Ich sollte damit rechnen, dass mein natürliches Verlangen, meine natürlichen Neigungen und Vorurteile verzerrt und unausgewogen sind. Deshalb muss ich mich bewusst dazu entscheiden, diese natürlichen Vorlieben mit einem Schritt Abstand zu betrachten, um eine umfassendere Perspektive zu gewinnen als nur meine eigene. Erst dann kann ich anfangen zu erkennen, dass alle vier Ecken für eine wahre und hinreichende Epistemologie wesentlich sind.

Jeder hat eine Lieblingsecke. Natürlicherweise denken wir, dass unsere stärkste Ecke auch die wahrste Ecke ist, und dass diese Ecke maßgeblich sein sollte für die anderen Ecken. Wenn wir uns aber zu stark auf eine Ecke stützen, kann das zu Extremismus oder Fanatismus führen. Unsere Epistemologie würde verzerrt und unvollständig.

Wenn man eine Ecke gegenüber den anderen bevorzugt, dann können daraus Spannungen, Missverständnisse und Verwirrung entstehen. Woher kommen denn diese Vorlieben? Manchmal werden sie durch unsere Persönlichkeit und unsere Erziehung geprägt. Manchmal „atmen" wir sie ein aus der kulturellen Atmosphäre, in der wir leben. Manchmal entstehen diese Vorlieben auch durch unsere Unwissenheit und unsere blinden Flecken. Vielleicht vermeiden oder fürchten wir eine Ecke, oder wir spielen sie herunter, weil wir nichts über sie wissen oder weil wir eine schlechte Erfahrung in dieser Ecke gemacht haben. Vielleicht sind wir in dieser Ecke schon einmal manipuliert worden oder haben eine Niederlage oder Enttäuschung erlebt – oder vielleicht haben unsere Eltern negative Dinge über diese Ecke gesagt.

Manchmal schätzen Wissenschaftler die Bibel gering, weil sie die Vernunft sehr stark betonen. Christen schätzen manchmal die Vernunft gering, weil sie den Glauben sehr stark betonen. Es ist nur natürlich, dass wir das stärken wollen, was bereits stark ist. Allerdings sollten wir diesen natürlichen Tendenzen mit Vorsicht begegnen.

Der Apostel Paulus hatte keine Angst vor seinen Schwächen. Bevor er Christ wurde, war er ein Mitglied der Pharisäer und hatte ein ausgeprägt gesetzliches Verständnis von der

Wahrheit. Nachdem er Christ geworden war, schwächten unterschiedliche körperliche, soziale und emotionale Erfahrungen diese Gesetzlichkeit. Daraus entwickelte sich bei ihm eine stärkere und ganzheitlichere Epistemologie. In seinem zweiten Brief an die Korinther schreibt Paulus: „Denn wenn ich schwach bin, so bin ich stark" (2. Korinther 12,10; Luther 84). Als Paulus in einer Ecke stark war, war er auf natürliche Art stark. Wenn seine natürliche Vorliebe für diese Ecke „schwächer" wurde, wurde seine Epistemologie vollständiger und auf geistliche Art stärker – das bedeutet wahrhaftiger und mehr die Gesamtheit der Wirklichkeit umfassend.

Man kann sich das wie eine Art „Judo"-Epistemologie vorstellen. „Judo" ist der „sanfte Weg", der nachgibt und zurückweicht und die gegnerische Kraft verwendet, um die Wirklichkeit zu gestalten. Wenn wir auf eine Vorrangstellung unserer Lieblingsecke bestehen und in ihr stark sind, dann wird dadurch unser Verständnis von Wahrheit schwach sein. Wenn wir aber nachgeben und die überraschende Stärke und Gültigkeit unserer Nicht-Lieblings-Ecken betrachten, wird dadurch unser Wahrheitsverständnis gestärkt werden.

Wenn wir das Starke stärken, wird unser Verständnis von der Wirklichkeit eigentlich schwächer. Wenn wir das Schwache stärken, werden wir vollständiger, reicher und stärker in unserer Epistemologie. Diesen Rat zu akzeptieren ist schwer, denn es erfordert Demut, Vertrauen und Glauben – weil wir im Leben den Wert der schwachen Dinge nicht erkennen. Wir wandeln im Schauen im Bereich der Stärke, aber wir sollten auch im Glauben wandeln im Bereich unserer Schwäche. Ich finde es außerordentlich schwer, diesen Rat anzunehmen und bewusst das zu stärken, was schwach ist. Wenn wir uns unserer Schwachheit stellen, fühlen wir uns verletzlich, und dennoch ist es diese Verletzlichkeit durch die wir an Einsicht und Stärke wachsen können.

VORLIEBEN IN RELIGIÖSEN RICHTUNGEN

Die Neigung, sich auf eine bestimmte Ecke zu fokussieren, ist nicht nur ein Problem des Individuums, sondern kann ganze religiöse Richtungen betreffen. In evangelikalen Ausprägungen des Christentums kann die Ecke der Bibel auf Kosten der anderen Ecken überbetont werden. Die Bibel wird dann zum Zentrum von allem und verdrängt die Bedeutung von Beziehungen, Erfahrungen und der Vernunft. Eine ähnliche Überbetonung von einer Schrift findet man auch in manchen Ausprägungen des Judentums (Tora), des Islam (Koran) und bei den Mormonen (Buch Mormon). Überall dort würde man Gott und die Wirklichkeit vollständig auf Grundlage einer bestimmten Offenbarungsschrift interpretieren. Ich habe bereits erwähnt, dass ich selbst als evangelikaler Christ natürlicherweise dazu neige, die B-Ecke zu betonen. Allerdings muss ich damit aufpassen und darf nicht davon ausgehen, dass meine natürlichen Vorlieben der grundlegenden Wahrheit über das menschliche Leben entsprechen.

In anderen Weltanschauungen neigen die Menschen zur Ecke der Vernunft auf Kosten der anderen drei Ecken. Beispiele für solche Weltanschauungen sind der atheistische Humanismus und der Kommunismus. Diese beiden Ansätze tendieren dazu, die Bedeutung menschlicher Erfahrungen zu ignorieren oder herabzumindern. Stattdessen wird häufig versucht, die Wahrheit auf mathematische oder wissenschaftliche Weise zu verstehen. Deshalb bezeichnete man in den frühen kommunistischen Regimes Schriftsteller oder Lehrer auch als „Ingenieure der menschlichen Seele".

Liberale Richtungen des Christentums neigen auch zu der Vernunft-Ecke. Es gibt hyper-intellektuelle liberale Kirchen, in denen der Inhalt der Bibel durch ein intellektuelles Sieb gepresst wird, damit er in die R-Ecke hineinpasst. Viele dieser Kirchen werden versuchen, alle übernatürlichen Elemente oder Glaubensinhalte aus der Bibel zu entfernen und sie durch naturalistische Erklärungen zu ersetzen.

Eine ausgeprägte und ausschließliche Stärke in der Vernunft-Ecke kann tatsächlich zu einer epistemologischen Schwäche und Unvollständigkeit führen. Vor ein paar Jahren war ich in Cluj-Napoca/Kolozsvár, der Hauptstadt Siebenbürgens (Rumänien). Ein christliches Café namens „Quo Vadis" veranstaltete dort eine Reihe von offenen Diskussionsabenden, und ich war eingeladen worden, einen dieser Abende zu leiten. In einem frühen post-postmodernen Stil eingerichtet war das „Quo Vadis" einer der interessantesten Orte der Stadt. Ungefähr ein Dutzend Besucher kamen an diesem Abend und saßen um einen großen Glastisch aus dem Jugendstil. Die Hälfte von ihnen waren Christen, die andere Hälfte nicht. Unter ihnen befanden sich Lehrer, Krankenschwestern, Psychologen, Architekten, Historiker und ein Neurochirurg.

Die Christen waren Gastgeber und begannen die Konversation, indem sie über das Wesen des Glaubens redeten, darüber, was man vom Beten erwarten kann und über Erfahrungen des Übernatürlichen. Nach ungefähr einer halben Stunde konnte ein Mann sich nicht mehr halten, und in ausgezeichnetem Englisch brach es aus ihm hervor: „Oh ihr Christen mit euren Erfahrungen! Ich bin Neurochirurg und kann alle eure Visionen, Gefühle und sogenannten übernatürlichen Wahrnehmungen auf chirurgischem, elektronischem und chemischem Weg erzeugen. Es gibt nichts „Übernatürliches" oder „Gott". In Wirklichkeit gibt es nur Materie und Energie". Er führte noch eine ganze Reihe von Beispielen und Erläuterungen auf.

Während ich zuhörte, betete ich und bat um Weisheit, wie ich diesem Mann antworten könne. Als er endlich fertig war, überraschte ich mich selbst, indem ich sagte:

„Sie reden wie ein Mann, der noch nie verliebt war." Er erstarrte und lief rot an. Ich fragte: „*Sind* Sie verliebt?" Er antwortete: „Ja, das bin ich." Ich fragte weiter: „Können Sie Ihre Beziehung mit dieser Frau auch in Ihrem Labor und chirurgisch reproduzieren – und weiß diese das?"

Es gab eine lange Pause, bis er schließlich antwortete: „Sie haben mich erwischt." In dem Moment erlebte er einen epistemologischen Paradigmenwechsel. Er sah das Licht. Er konnte erkennen, dass er seine eigenen Erfahrungen im Leben nicht auf Materie und Energie reduzieren konnte, dies aber bei den Erfahrungen anderer Menschen tun wollte. Er war erfrischend ehrlich und offen und deshalb vermutlich auch ein herausragender Wissenschaftler. Er hatte aber der Rationalitäts- Ecke dermaßen viel Gewicht gegeben, dass dadurch seine Epistemologie schief und verzerrt geworden war. Durch seine ausschließliche Investition in die R-Ecke waren die anderen drei Ecken entwertet worden. Doch nun schien ihm die Erweiterung seiner epistemologischen Grundlage zu gefallen.

Andere Glaubenssysteme konzentrieren sich auf die Institutions-Ecke. In ihnen wird die Tradition überbetont und häufig sind sie auch nationalistisch. Das trifft zum Beispiel auf bestimmte Richtungen des Shintoismus oder des Judentums zu. Im Christentum sind es orthodoxe und katholische Kirchen, die zur I- bzw. Institutions-/Traditions-Ecke neigen. Protestanten würden eher sagen, dass die Bibel die Kirche beschreibt, und man bei der Bibel beginnen müsse, um zu wissen, wie die Kirche sein sollte. Ihre epistemologische Hierarchie wäre wie folgt aufgebaut:

Gott
↓
Bibel
↓
Kirche

Für orthodoxe Gläubige jedoch hat die Kirche die Bibel geschrieben. Deshalb sähe ihre epistemologische Hierarchie folgendermaßen aus:

Gott
↓
Kirche
↓
Bibel

Das bedeutet, dass die Bibel aus den heiligen Traditionen der Heiligen Mutter Kirche heraus verstanden werden muss.

Katholiken neigen zu einer Gleichbetonung von Bibel und Institution. Sie haben gegenüber dem offenbarenden Handeln des Heiligen Geistes eine offenere Haltung, indem sie glauben, dass der Geist immer noch die Kirche inspiriert. Katholiken hätten eine epistemologische Hierarchie, die ungefähr so aussehen würde:

Gott
↓
Bibel & Kirche

Einmal hielt ich einen Vortrag an der Polnischen Marineakademie in Gdansk/Danzig vor lauter katholischen Offiziersanwärtern. Als ich ihnen die vier Ecken als gleichwertig und notwendig präsentierte, protestierten sie lauthals, denn aus ihrer Sicht hatte ich die Heilige Mutter Kirche beleidigt, weil ich die Institution nicht als Grundlage für die anderen drei Ecken darstellte. Ich konnte ihre Enttäuschung gut verstehen, denn ich stimme mit ihnen darin überein, dass Institution wesentlich ist. Sie darf nicht missachtet oder in den Hintergrund geschoben werden. Aber auch die anderen Ecken sind wesentlich. Wenn wir sagen, dass eine Ecke von einer der anderen abhängt oder eine untergeordnete Stellung hat, dann werden wir darüber Kriege führen, welche der Ecken die Grundlegende ist – und wir *haben* bereits über diese Frage Kriege geführt. Aber wenn wir anerkennen, dass alle Ecken wesentlich sind und dass sie miteinander in einer sich gegenseitig ergänzenden Beziehung stehen anstatt in einem Konkurrenzverhältnis, dann können wir Stabilität, Frieden und Vollständigkeit finden.

Die persönliche Erfahrung der Wirklichkeit ist ein wesentlicher Teil einer vollständigen und gesunden Epistemologie. Allerdings gibt es religiöse Richtungen, die sich übermäßig auf die Erfahrungsecke konzentrieren. Hierzu gehören bestimmte Ausprägungen im Hinduismus und Buddhismus, sowie in New-Age-Religionen. Manche Formen des pfingstlichen oder charismatischen Christentums neigen ebenfalls in diese Richtung. Mitglieder jener Kirchen verstehen die Bibel nicht im Hinblick darauf, was der Text sagt, sondern so, wie sie persönlich erleben, was er sagt. Dies entspricht in gewisser Weise auch der postmodernen Interpretation von Texten, gemäß der die Bedeutung eines Textes in der Reaktion des Lesers auf diesen Text liegt.

Nochmals: Es ist üblich, dass Menschen dazu neigen, das zu betonen, was ihnen natürlicherweise liegt. Ein Mensch mit einem scharfen Verstand begibt sich in die Ecke der Rationalität und vernachlässigt womöglich die Erfahrungsecke oder misstraut ihr. Einen Menschen mit ausgeprägter Lebenserfahrung zieht es hingegen eher in diese Erfahrungsecke und er mag durch seine Erfahrungen auch gesegnet werden. Möglicherweise begibt er sich immer mehr in diese Ecke, bis der Punkt erreicht ist, an dem er die Ecke der Vernunft vernachlässigt oder ihr misstraut. Und schon haben wir das entgegengesetzte Problem. Es ist nicht das größere Problem, es ist nur das entgegengesetzte Problem. Dieses Problem kann und wird immer wieder auftauchen im Bezug darauf, wie Menschen mit jeder der vier Ecken umgehen.

DEINE „EPISTEMOLOGISCHE TEMPERATUR"

Denke einmal allein für dich oder zusammen mit anderen Leuten über die folgenden Fragen bezüglich der vier Ecken nach:

- Welche ist deine „Lieblingsecke" für das Erkennen von Wahrheit?
- Spielt deine Persönlichkeit bei dieser Vorliebe eine Rolle? Bist du z.B. eher emotional oder fühlst du dich mit deinen inneren Erfahrungen verbunden? Oder bist du eher ein vernunftbetonter, analytischer Typ?
- Welcher Aspekt der Wahrheit wurde während deiner Kindheit belohnt und ermutigt?
- Welcher Aspekt wurde entmutigt oder bestraft?
- Welcher Aspekt wurde übersehen oder ignoriert?
- Welcher Aspekt wurde als gefährlich eingeschätzt?
- Welche Ecke(n) vermeidest du gegenwärtig oder lehnst sie ab?
- Welche Ecke(n) versuchst du mit Hilfe deiner Lieblingsecke zu kontrollieren?

DIE DENKANSÄTZE „BRUNNEN" UND „ERZÄHLUNG"

B (Brunnen)　　　　**R** (Erzählung)

Du hast bestimmt die beiden Achsen bemerkt, die durch das Zentrum unseres epistemologischen Quadrats laufen – eine horizontale und eine vertikale Linie, welche das Quadrat aufteilen. Diese beiden Achsen helfen uns, ein weiteres Bild zu entwickeln, um Epistemologie zu verstehen.

Geben wir den beiden Achsen einen Namen: Die eine Achse nennen wir „Brunnen" (wie ein Brunnen für Wasser) und die andere Achse nennen wir „Erzählung". Die Brunnenachse bezieht sich auf eine Art und Weise, Offenbarungstexte wie z.B. die Bibel, den Koran oder die Tora zu verstehen. Mit diesem Ansatz ziehen wir das aus einem Text, was wir brauchen, ähnlich wie man Wasser aus einem Brunnen schöpft. Wir lassen unseren Eimer hinab und schöpfen Informationen, Weisungen, Trost, Inspiration, Korrektur, Zurechtweisung, Verheißungen, und was wir sonst noch alles brauchen. Wir erkennen die Wirklichkeit, indem wir aktiv mit dem Text umgehen und seine Auswirkungen auf uns und unsere Reaktionen auf ihn erfahren.

Im Kontrast dazu beschreibt der Denkansatz der „Erzählung" einen Erkenntnisweg, der den Bezug zum Gesamtrahmen der Wirklichkeit beinhaltet. Dieser Ansatz konzentriert sich auf große historische Entwicklungen der Zivilisation oder Kultur, oder auf die Geschichte von Gottes Handeln und seinen Absichten, wie sie in einem Text dargestellt werden. Der Denkansatz der „Erzählung" stellt uns und unsere Erfahrungen in einen größeren Kontext und erlaubt uns zu erkennen, wo wir uns befinden und was wir *bedeuten*. Dies ist vielleicht ein eher passiver Ansatz, bei dem wir die Wirklichkeit, die außerhalb unseres Selbst liegt, das sein lassen, was sie ist.

Was liegt im Zentrum und im Blickpunkt des „Brunnen"-

Ansatzes? Das bin **ich**. Was ist im Zentrum und im Blickfeld des „Erzählungs"-Ansatzes? Es ist **Gott** oder die Wirklichkeit als Ganzes. Die Leute fragen sich oft, welcher dieser zwei Blickpunkte mehr Bedeutung hat. Sie fragen: „Welcher ist wichtiger?"

Merkst du, wie falsch diese Frage ist? Es ist, wie wenn dich jemand fragen würde, welche Seite einer Münze du gerne hättest. Du brauchst beide Seiten. Eine echte Münze von Wert hat zwei Seiten.

Wenn die Bibel wahr ist, dann hat Gott uns als bedeutende Menschen mit subjektiven Ansichten geschaffen. Das bedeutet, dass wir, wenn wir die Bibel lesen, nicht nur auf Gott schauen und so tun sollten, als ob wir bedeutungslos wären oder gar nicht existierten. Wenn Gott uns geschaffen hat, dann dürfen wir uns nicht selbst herabsetzen. Unsere Bedürfnisse und unsere Ansichten sind von Bedeutung.

Wenn wir uns allerdings ausschließlich für den Brunnenansatz entscheiden und dabei den Erzählungsansatz nicht beachten, erheben wir die Erfahrung zu unserem einzigen Lehrer und entkoppeln uns somit von der Wirklichkeit, die außerhalb von uns Selbst liegt. Ohne den Kontext, den der Erzählungsansatz liefert und der von Gott handelt, sind wir entfremdet und abgeschnitten, weil wir damit aus dem Kontext der Gesamtwirklichkeit herausgerissen sind. Die Bibel ist die Geschichte von Gott. Es ist die Erzählung über Seinen Charakter und Sein Handeln in der Geschichte. Wenn wir die Bibel ohne diesen Zusammenhang lesen, stehen wir nicht in einer wahren Beziehung mit Gott, welcher größer ist als unsere subjektive Erfahrung. Ohne diesen Rahmen hat das, was wir lesen, keine Bedeutung. Tatsächlich hat dann nichts eine Bedeutung, denn Bedeutung *bedeutet* Beziehung. Wie ich vorher bereits gesagt habe, hängt jede Bedeutung von einer Beziehung zu etwas außerhalb von uns selbst ab. Nichts hat in sich selbst Bedeutung. Wenn ich mich isoliere und nur den Brunnenansatz beachte, wird meine Bedeutung immer mehr abnehmen.

Wir werden häufig mit Fragen konfrontiert, die uns dazu einladen oder auffordern, entweder den Brunnenansatz über den Erzählungsansatz zu stellen oder umgekehrt. Sich für das eine oder das andere zu entscheiden, kann zerstörerisch sein. Denn so wie eine Münze ihre beiden Seiten braucht, um eine „echte" Münze zu sein, brauchen wir beide Ansätze.

Wenn man Brunnen- und Erzählungsansatz in zwei Spalten darstellt, sieht das wie folgt aus.

BRUNNEN	ERZÄHLUNG

Nun wollen wir einige gegensätzliche Begriffs- und Ideenpaare anschauen und sie „Brunnen" bzw. „Erzählung" zuordnen.

Nachstehend sind einige Begriffspaare in der jeweils passenden Spalte aufgeführt. Sieh sie dir an. Was denkst du? Findest du, dass einer der Begriffe auf der falschen Seite steht? Warum? Manche der Begriffspaare mögen für Dich einfacher zuzuordnen zu sein als andere. Vielleicht möchtest du diese Übung zusammen mit anderen Leuten durchführen und sehen, wie sie die Begriffe einordnen würden.

BRUNNEN	ERZÄHLUNG
subjektiv	objektiv
Freiheit	Form
Ehefrau	Ehemann
Vielfalt	Einheit
Geheimnis	Definition
rechte Gehirnhälfte	linke Gehirnhälfte
Mikroskop	Teleskop
meinen Glauben bezeugen	den Glauben bezeugen
mein Zeugnis	das Zeugnis von Jesus
Welle	Teilchen
Yin	Yang
freier Wille	Vorherbestimmung
Jesus als Mensch	Christus als Gott
unpräzise Wahrheit	exakte Wahrheit
Gnade	Gerechtigkeit
erziehen	lehren
Kunst	Wissenschaft

Das erste Paar ist „subjektiv" und „objektiv". Die meisten Leute sehen, dass „subjektiv", also was sich auf mich oder den Betrachter bezieht, in die Brunnenspalte gehört. „Objektiv" bezieht sich auf den Teil der Wirklichkeit, der unabhängig von mir ist. Dies würde in die Erzählungsspalte eingeordnet. Wie schon bei der Komplementarität der vier Ecken können wir erkennen, dass die Beziehung zwischen objektiv und subjektiv keine Konkurrenz ausdrücken soll, sondern gegenseitige Ergänzung. Auch hier wäre deshalb die Aufforderung destruktiv, sich zwischen den beiden entscheiden zu müssen, da wir beide benötigen.

Nun betrachten wir die Begriffe „Freiheit" und „Form". Wir erkennen, dass „Form" in die Erzählungsspalte gehört, da sie den allgemeinen Rahmen der Realität einbezieht. Allgemeine Formen beinhalten zum Beispiel die Gesetze der Schwerkraft und der Thermodynamik. „Freiheit" hingegen gehört in die Brunnenspalte und steht für die unendliche Vielfalt an Entscheidungen und Handlungen, die durch die Struktur der Form ihre Bedeutung erlangen. Auch hier sind sowohl Freiheit als auch Form grundlegend; sie sollten nicht gegeneinander ausgespielt werden.

„Ehefrau" und „Ehemann" sind das nächste Paar. „Ehefrau" befindet sich eher auf der Brunnenseite. Die Ehefrau ist eine Quelle (oder ein Brunnen) des Lebens. Leben wird aus der Ehefrau geboren. Sie steht für Zuhause, Mutter, Trost, Nähe und bedingungslose Annahme. Der „Ehemann" gehört eher auf die Erzählungsseite, da er einen schützenden Rahmen für das Gedeihen des Brunnens bildet. Aber wer von beiden ist nun wichtiger in einer Ehe? Die offensichtliche Antwort ist, dass beide gleich wichtig sind. Aber es ist auch keine 50 zu 50-Beziehung. Ohne die Ehefrau hat man nicht 50% einer Ehe, denn eine Ehe ist 100% Ehefrau. Sie ist auch 100% Ehemann. Ehe ist eine 200%-Realität; das trifft auch auf unsere Beziehung mit Gott zu. (Ein Physiker hat mich einmal darauf hingewiesen, dass eigentlich die 100% der Ehefrau nicht zu den 100% des Ehemannes hinzugezählt werden, sondern mit 100% multipliziert. Das ergäbe eine 10'000%-Realität, was aus der Ehe eine wirklich reiche und komplexe Realität machen würde!)

Als nächstes Begriffspaar betrachten wir „Vielfalt" und „Einheit". Was denkst du? Welchen Begriff würdest du welcher Spalte zuordnen? Warum? Wie verhält es sich mit „Geheimnis" und „Definition"? Wohin gehören sie?

Welche Seite ist nun bei jedem Paar „wahrer"? Die Antwort lautet: Keine von beiden! Beide sind gleichermaßen wahr, und für die volle Wahrheit braucht man beide. Wir haben zum Beispiel festgestellt, dass sowohl die „Ehefrau" als auch der „Ehemann" für die volle Wahrheit einer Ehe notwendig sind. Die beiden sollten nicht miteinander konkurrieren, sondern sich gegenseitig ergänzen. Diese Ergänzung ist wiederum davon abhängig, dass sich die Ehefrau vom Ehemann unterscheidet und beide nicht identisch sind.

Betrachten wir ein anderes Begriffspaar genauer. Nehmen wir „mein Glaube" und „der Glaube". In vielen christlichen Gruppierungen erzählen die Leute hauptsächlich von „meinem Glauben" und man hört nicht viel über „den Glauben". Um dieses Paar wieder in ein ganzheitliches und ausgewogenes Gleichgewicht zu bringen, frage ich diese Menschen gerne:

„Wer ist Jesus Christus bevor du geboren wurdest?". Diese Frage ist schwierig für Menschen, die sich auf den Brunnenzugang zur Wirklichkeit beschränken. Sie wissen zwar, was sie für Jesus empfinden und wie sie Jesus in ihrem eigenen Leben erfahren haben, aber sie haben unter Umständen wenig aus dem Erzählzugang gelernt und wissen nicht, wer Jesus unabhängig von ihrer Erfahrung ist. Es fällt ihnen leichter, über ihre einzigartigen Erfahrungen mit Jesus zu sprechen, als über die objektive Wirklichkeit Jesu. Obwohl man darüber wirklich sprechen kann. Es ist sogar eher möglich, jemandem etwas über *„den* Glauben" mitzuteilen als über *„meinen* Glauben". Wir alle kennen die Fakten über Jesus und teilen dieses Wissen; unsere persönlichen Erfahrungen mit Jesus sind viel privater und damit schwieriger zu kommunizieren.

Andererseits gibt es Menschen, die zwar sehr viel über Jesus wissen, aber sie haben keine wirkliche Erfahrung mit Ihm gemacht. Damit neigen sie zu stark zum Erzählungsansatz, was auch kein ausgewogenes Bild der Wirklichkeit ergibt.

Beachte, dass sich manche Aspekte der Wirklichkeit nicht in eine der beiden Spalten zuordnen lassen. „Gut" und „böse" sind nicht als Begriffspaar aufgeführt, weil sie gemäß der biblischen Weltanschauung keine sich gegenseitig ergänzenden Aspekte der Wahrheit oder gleichwertige Gegensätze darstellen. „Gut" ist die ursprüngliche Wirklichkeit; „böse" ist die davon abgeleitete Verzerrung. Nur „gut" ist wahr, „böse" ist unwahr. Diese Sichtweise steht im Kontrast zu dualistischen Weltanschauungen, in denen „Gut" und „Böse" als gleichermaßen ursprüngliche Wirklichkeit angesehen wird und als gleichermaßen bedeutsam für eine umfassende Wahrheit.

Aus dem gleichen Grund fehlen in den Spalten Begriffspaare wie „Liebe" und „Hass" oder „Licht" und „Dunkelheit", da auch hier nur der erste Begriff wahr und ursprünglich ist.

Betrachten wir abschließend die Begriffe „unpersönlich" und „persönlich". Ist die Wirklichkeit, in der wir existieren, grundsätzlich materiell und energetisch und *enthält* persönliche Strukturen? Oder ist die Realität *im Wesentlichen* persönlich und wirkt innerhalb und außerhalb der Matrix Materie und Energie? Wenn die Bibel wahr ist, dann ist die Wirklichkeit grundlegend persönlich, vielmehr als materiell und energetisch. Deshalb sind die Begriffe „persönlich" und „unpersönlich" keiner Spalte zugeordnet, da nur „persönlich" wahr ist.

MIT EINEM EINZIGEN AUGE SEHEN

Bei unserer Erkundung der vier epistemologischen Ecken konnten wir feststellen, dass die Menschen dazu neigen, sich eine Lieblingsecke auszusuchen. Das Gleiche trifft auch auf die „Brunnen"- und „Erzählung"- Spalten zu. Menschen, denen Erfahrungen besonders wichtig sind, werden wahrscheinlich den Brunnenansatz bevorzugen, während Menschen, welchen die Vernunft wichtig ist, die Erzählungsspalte betonen werden. Die meisten von uns haben eine natürliche Vorliebe für einen der beiden Ansätze. Und wieder ist mein Rat, das zu stärken, was schwach ist, um so eine Balance und Ganzheitlichkeit in deinen Zugang zur Wirklichkeit zu bringen.

Wenn wir dafür beten und daran arbeiten, unsere Schwächen zu stärken, werden wir die Wirklichkeit immer ganzheitlicher und vollständiger erkennen. Statt eines stückhaften Wissens werden wir immer mehr ein ganzes, lebendiges Wissen erfahren. Dieser Prozess wird herausfordernd und manchmal auch erschreckend sein, weil dabei ein Paradigmenwechsel, ein grundlegender Wandel in unserer Weltanschauung stattfinden wird. Wir müssen dabei unseren Wohlfühlbereich verlassen.

In der Bergpredigt gibt es einen kurzen Abschnitt, in dem Jesus über zwei Konfliktbereiche im Leben der Menschen lehrt, das Investieren *(„Schätze sammeln")* und das Dienen. Er sagt (Matthäus 6:19-21, 24):

Ihr sollt euch nicht Schätze sammeln auf Erden, wo sie die Motten und der Rost fressen und wo Diebe einbrechen und stehlen. Sammelt euch aber Schätze im Himmel, wo sie weder Motten noch Rost fressen und wo die Diebe nicht einbrechen und stehlen.

Denn wo dein Schatz ist, da ist auch dein Herz...Niemand kann zwei Herren dienen: entweder er wird den einen hassen und den anderen lieben, oder er wird an dem einen hängen und den anderen verachten. Ihr könnt nicht Gott dienen und dem Mammon.

Wir werden dazu ermutigt, uns in die gesamte Wirklichkeit des Himmels zu investieren, zu der auch die Erde gehört, anstatt uns nur auf den begrenzten, abgetrennten und nicht rentablen Bereich der Schöpfung zu beschränken. Wir werden dazu ermutigt, dem Geber zu dienen und nicht den Gaben. Wir müssen dem Gott dienen, der die Fähigkeit verleiht, Wohlstand zu generieren.

Zwischen diesen zwei (scheinbar) im Konflikt stehenden Bereichen steht ein kleiner und oft missverstandener Abschnitt über Perspektive. Jesus sagt (Matthäus 6:22-23):

Das Auge ist das Licht des Leibes. Wenn dein Auge lauter ist, so wird dein ganzer Leib Licht sein. Wenn aber dein Auge böse ist, so wird dein ganzer Leib finster sein. Wenn nun das Licht, das in dir ist, Finsternis ist, wie groß wird dann die Finsternis sein!

Unsere Wahrnehmung (das Auge) ist die Lichtquelle unseres Lebens. Die meisten modernen Bibelausgaben übersetzen Vers 22 im Sinne von „wenn dein Auge gut ist" oder „gesund" oder „heil", aber das ursprüngliche griechische Wort heißt „einzeln, ein-fach". Es bedeutet, eine einheitliche, umfassende und sich ergänzende Sicht der Wirklichkeit als Ganzes zu haben. Damit werden die scheinbaren Widersprüche der davor und danach stehenden Absätze über Investition und Dienst aufgelöst.

Wenn wir „Schätze sammeln" und „dienen" auf diese ein-fache Art oder mit einer ganzheitlichen Sicht verstehen, werden die Widersprüche aufgelöst, indem alles mit dem Königreich Gottes in Zusammenhang gebracht wird. Wir erleben sowohl das Erwirtschaften von Wohlstand als auch den Dienst am Mitmenschen als Teil unseres Lebens im Königreich Gottes.

Kannst du den Zusammenhang zwischen diesem Abschnitt aus der Bergpredigt und den vier Ecken unseres epistemologischen Quadrats und dessen beiden Achsen erkennen? Wenn wir die vier Ecken und die zwei Spalten auf sich gegenseitig ergänzende Weise im Blick halten, werden wir dann „voller des Lichts" sein?

Mit einem „ein-fachen" Auge zu sehen kann sehr herausfordernd sein. Es bedeutet, dass man Aspekte der Wirklichkeit zusammenbringt, die rational gesehen nicht zusammenpassen. Vernunft ist wichtig, sie kann aber überbetont werden und damit zu Verzerrungen führen – auch in der Kirche! Während der Aufklärung und der Wissenschaftlichen Revolution, als ein starker Glaube entstand, dass man mit Zahlen die ganze Wahrheit ausdrücken könne, fingen Leute an, die Wirklichkeit mit Kreis- und Balkendiagrammen auf Flächen abzubilden. Die Unterteilungen ergaben immer die Summe 100 %.

Die Bibel unterteilt die Dinge jedoch nicht auf diese Weise. Dennoch übernahm die Kirche diese Prinzipien der Welt und begann, die Wahrheit durch die Brille der Welt zu betrachten. Das Resultat war, dass auch die Christen dazu neigten, alles nach mathematischen Prinzipien zu beurteilen. So wird zum Beispiel die Wirklichkeit der Prädestination und des freien

Willens wie ein Kreis- bzw. Kuchendiagramm auf eine Fläche ausgelegt und die Menschen versuchen, diesen Kuchen in Teile aufzuteilen, die zusammen 100% ergeben. Manche unterteilen den Kuchen in 50/50-Hälften, aber das scheint Gottes Souveränität nicht wirklich gerecht zu werden. Andere Menschen schlagen vor, den Kuchen in 51% Gottes Souveränität und 49% freien Willen des Menschen zu unterteilen. Aber auch das ist nicht befriedigend. Sogar wenn wir sagen würden, dass es 99% Gottes Souveränität und nur 1% freier Wille ist, genügt es uns nicht. Die logischste Erklärung lautet dann, dass entweder Gott 100% souverän ist – dann wird der Mensch zu einer Schachfigur, oder dass der Mensch einen 100% freien Willen hat – was bedeutet, dass Gott in einem deistischen Urlaub ist.

Anstatt die Wirklichkeit in ein zweidimensionales Kuchendiagramm zu quetschen, scheint es mir angebrachter, sich eine Scheibe freien Willens und eine Scheibe Prädestination vorzustellen. Sowohl die Scheibe des freien Willens als auch die der Prädestination beinhalten 100%. Rechtwinklig aufeinander stehend verbinden sich die Scheiben zu einem dreidimensionalen Raum der Wirklichkeit. Dieser Raum steht für eine 200%-Wirklichkeit, oder, wie ich bereits erwähnt habe, eine 10'000%-Wirklichkeit. Gottes Souveränität ist ganz und vollständig, und der freie Wille des Menschen ist ganz und vollständig. Wenn wir uns die Beziehung zwischen der Souveränität Gottes und dem freien Willen des Menschen in einem dreidimensionalen Modell vorstellen anstatt nur zweidimensional, stellt sie keinen Konkurrenzkampf dar.

So wie wir Prädestination und freien Willen mit einem „einfachen Auge" betrachten müssen, müssen wir auch andere scheinbare Unterteilungen, Unterschiede und Widersprüche vereint sehen. Beim Lesen der Bibel sind sowohl der Brunnenansatz als auch der Erzählungsansatz notwendig, um die Wahrheit zu erkennen. Wenn wir Gott und die ganze Wirklichkeit völlig erkennen wollen, müssen wir alle wesentlichen Quellen der Erkenntnis zusammenbringen: die Bibel, unsere Erfahrung, die Vernunft bzw. Rationalität und Institutionen bzw. Tradition. Keine dieser Quellen steht über den anderen, und auf keine können wir verzichten.

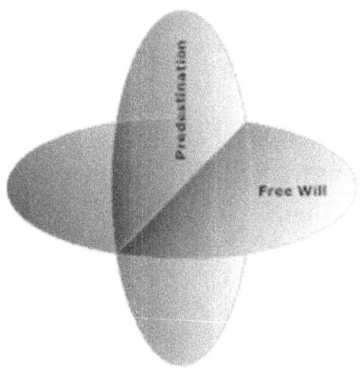

Es ist eine Tatsache, dass wir alle unausgewogen sind. Keiner ist gesund. Deshalb lautet die Frage nicht: „Bin ich unausgewogen?", sondern sie lautet vielmehr: „Inwieweit bin ich unausgewogen? Wie kann ich geheilt werden?" Diesen Herausforderungen müssen wir uns in Demut stellen.

Demut bedeutet nicht Schüchternheit oder Unterwürfigkeit. Demut ist Realismus. Wenn ich realistisch bin, erkenne ich sowohl meine Stärken als auch meine Schwächen richtig. Wenn ich eine von Gott gegebene Stärke für das Lehren habe, und ich sage: „Nein, ich bin sicher, dass ich das nicht gut genug kann. Andere können das besser!", dann ist das nicht Demut, sondern Stolz. Es bedeutet, zu sagen: „Gott hat mir diese Fähigkeit gegeben, aber ich fühle mich besser und die Leute achten mich höher, wenn ich sie verleugne." Das sieht zwar wie Demut aus, ist es aber nicht. Stattdessen erschaffe ich mich selbst gemäß der Eitelkeit meiner eigenen Vorstellung. Wahre

Demut bedeutet, mich so anzunehmen, wie ich wirklich bin, anstatt Stärken oder Schwächen vorzutäuschen, so wie es mir günstig erscheint.

Können wir uns selbst genau betrachten und unsere eigenen Verzerrungen erkennen? Können wir uns diesen entstellten Bereichen ehrlich stellen und durch Arbeit und Glauben einen einsichtigeren Zugang zur Wirklichkeit erlangen? Das kann ziemlich anstrengend sein! Es macht das Leben komplizierter und wir werden verletzlicher. Aber sich ergänzende Betrachtungsweisen der Wahrheit macht unser Leben reicher und voller. Sie erden uns in der Wirklichkeit und führen uns in eine größere Ganzheit. Amen.

33 FRAGEN

Die folgenden Fragen stammen sowohl aus Fragerunden, die nach Vorträgen abgehalten und aufgenommen worden sind, als auch von Lesern der Vortragsmitschriften. Sie wurden nur geringfügig editiert und haben daher eher einen Gesprächscharakter als den eines akademischen oder literarischen Diskurses.

Eine echte Frage hilft uns, nicht mehr weiter um ein Thema herumzuflattern wie die Motten um das Licht, sondern uns dem Kern der Dinge zuzuwenden. Nur eine unwissende Frage ist eine echte Frage. Eine gute Frage zu stellen kann schwerer sein, als sie zu beantworten. Was sind eure Fragen? Versuche für dich, deine Fragen zu entdecken.

1. Welchen Hindernissen kann man begegnen, wenn man die Bibelecke der Epistemologie erforscht?

Ein Hindernis ist, dass die Menschen sich unter Druck gesetzt fühlen. Manchmal werden die Menschen von Christen dazu gedrängt, sich bezüglich der Autorität der Bibel zu entscheiden, ohne dass ihnen genug Zeit geben wird, das auch zu durchdenken. Menschen können sich dazu genötigt fühlen, zuerst alles über die Bibel verstehen zu müssen, bevor sie als autoritative Quelle akzeptiert werden kann. Aber in Wirklichkeit können wir keine der vier Quellen vollständig verstehen. Die Bibel ist perfekt, aber unser Verständnis von ihr wird es nie sein. Deshalb sollten wir uns nicht unter Druck setzen, ein perfektes Verständnis zu erreichen. Wenn Menschen davon überzeugt sind, über das perfekte Verständnis der Bibel zu verfügen, kann es gefährlich werden. Ich rate dazu, es entspannter und gemächlicher anzugehen – die Suche nach Wahrheit ist ein Prozess und braucht Zeit.

Ein weiteres häufig auftretendes Hindernis ist, dass Menschen die Wahrheit des christlichen Glaubens so lange ablehnen wollen, bis sie beweisen können, dass alles andere total falsch ist. Aber ich denke nicht, dass das der Wirklichkeit entspricht. Der Buddhismus muss nicht als vollkommen falsch widerlegt werden, um sich für Jesus entscheiden zu können. Der Islam muss nicht als vollkommen falsch widerlegt werden, um als Christ gerettet zu werden. Andere Weltanschauungen beinhalten manche wahren Elemente, selbst wenn sie es als Ganzes nicht schaffen, die Wirklichkeit hinreichend zu beschreiben.

Manchmal erwarten Menschen von der Bibel, dass sie etwas sein sollte, was sie nicht ist, was auch hinderlich sein kann. Die Bibel ist kein wissenschaftliches Lehrbuch, auch wenn das, was sie über die Wirklichkeit sagt, mit der Wissenschaft übereinstimmt. Ebenso wurde die Bibel zu einer anderen Zeit und in einer anderen Kultur verfasst, aber manche Leute erwarten, dass sie direkt in unserer Sprache in unsere Zeit und unsere Kultur hineinspricht.

2. Menschen mit Autorität verwechseln „Autorität haben" leicht mit „mehr Wert haben", im Sinne von „Ich habe die Macht, also bin ich wichtiger und besser". Könntest du dazu etwas sagen?

Bei Gott hat der Vater die Autorität und überträgt sie auf den Sohn. Der Vater befiehlt und sendet, der Sohn gehorcht und geht. Beide sind aber im gleichen Maße Gott. Dasselbe trifft auf das Ebenbild Gottes zu - den Menschen. So haben zum Beispiel die Eltern Autorität und die Kinder gehorchen. Aber wer ist nun mehr Mensch? Beide sind gleich Mensch. Autorität zu haben macht eine Person nicht zu einem Menschen, sondern beschreibt eine spezielle Form der zwischen- menschlichen Beziehung.

Vor Jahren war ich im kommunistischen Ostdeutschland und sprach in einer Kirche vor etwa hundert Leuten. Die meisten der Anwesenden waren Landwirte. Ich stellte folgende Frage:

„Wer ist mehr Mensch, die Eltern oder die Kinder?". Alle antworteten: „Die Eltern." Ich war so schockiert, dass es mir fast den Atem verschlug. Ich wusste nicht, was ich sagen sollte. Sie waren sich der Richtigkeit ihrer Antwort vollkommen sicher. Darüber gab es keine Diskussion, keine Frage, für sie war das die Wirklichkeit. Die Eltern waren mehr Mensch, die Kinder waren weniger Mensch. Ich dachte bei mir: „Ich befinde mich gerade in einer anderen Kultur, ich habe mein eigenes Umfeld verlassen. Wie gehe ich nun damit um? Was soll ich tun?" Ich musste weitermachen. Und das waren Christen! Aus meiner eigenen, beschränkten Perspektive würde ich sie als bibelgläubige Christen bezeichnen, aber nicht als bibelverständige Christen. Sie akzeptierten die Autorität der Bibel ebenso wie ich, und wir waren Geschwister, aber ich glaube, sie hatten etwas ganz Wesentliches falsch verstanden. Im Grundsatz waren wir auf der gleichen Seite, aber in manchen Aspekten unterschieden sich unsere Ansichten grundlegend. Das Leben ist komplex, auch für Christen. Wir können nicht erwarten, dass alle Christen die gleichen kulturellen, politischen, wirtschaftlichen oder sozialen Werte und Strukturen haben. Manchmal finden wir uns in einer Kultur wieder, in der unser Bauchgefühl sagt: „Das ist abnormal!" Aber die wirkliche Frage lautet: „Ist es für Gott abnormal, oder ist es nur für mich abnormal?" Falls es nur für mich abnormal ist, dann muss ich das akzeptieren. Aber wenn es für Gott abnormal ist, wenn es sich wirklich außerhalb Seines Charakters und Seiner Gebote sowie der Strukturen befindet, die Er dem Leben der Menschen gegeben hat, dann muss ich sagen: „Es gibt hier ein Problem. Du begehst einen Fehler, lieber Bruder, und ich denke, ich sollte dich darauf hinweisen." Aber wir müssen vorsichtig und demütig dabei vorgehen, und sorgfältig darauf achten, dass wir nicht aus menschlichem Vorurteil heraus sprechen, sondern aus einer göttlichen Perspektive.

3. Kann es für Menschen, die einer Obrigkeit unterstehen, schwierig sein zu erkennen, wie sie in dieser Autoritätsbeziehung funktionieren können?

Manchmal wollen Leute, die jemandem unterstehen, dass diese Menschen mit Autorität viel mehr Verantwortung für ihr Leben übernehmen, als sie sollten. Es kann sehr entspannend sein, wenn man für sein eigenes Leben nicht verantwortlich ist, und es kann sich auch sehr beruhigend anfühlen, wenn man von anderen abhängig ist. Allerdings wäre das eine verworrene und falsche Anwendung von Autorität.

Menschen unter einer Obrigkeit sind manchmal Opfer. Wir neigen dazu, die Opfer für unschuldig zu halten. In gewisser Weise sind sie das zwar, besonders wo sie gezwungen und getäuscht werden. Aber Opfer sind Menschen, und alle Menschen sind schuldig. Niemand sollte auf die Opferrolle reduziert werden.

Manche Leute können die Wirklichkeit durch ihre Opferrolle manipulieren. Manche meinen, der Sinn des Lebens liege darin, zu entdecken, was ihnen das Leben schuldet, um dann den Rest des Lebens damit zu verbringen, diese Schulden einzutreiben. Aber so funktioniert das Leben nun mal nicht.

Ich sage oft: „Ohne Schuld gibt es keine Hoffnung". Wenn wir nur unschuldige Opfer wären, dann wären all unsere Probleme durch die schlimmen Dinge verursacht, die uns widerfahren. In diesem Fall besteht lediglich die Hoffnung, dass uns bessere Dinge widerfahren. Aber niemand verspricht uns, dass uns diese besseren Dinge tatsächlich widerfahren werden. Wenn wir aber schuldig sind, dann brauchen wir Vergebung, und Jemand verspricht uns Vergebung.

4. Könntest du noch etwas mehr dazu sagen, wie Freiheit und Form mit Autorität zusammenhängen?

Ich will nochmal auf das Beispiel mit den Eltern zurückkommen. Die Autorität der Eltern formt die Freiheit der kleinen Kinder. In manchen Lebensbereichen setzen Eltern ihren Kindern Grenzen, in anderen nicht. Oft sagen Eltern:

„Du darfst dieses tun, aber jenes nicht." Eltern gestalten die Freiheit derart, dass die Kinder in Sicherheit und Fülle leben können. Anders formuliert bieten die Eltern ihren Kindern somit eine Freiheit, die eine Form hat. Es ist keine flüchtige Wolke der Freiheit oder eine ungeordnete Freiheit. Eine Freiheit ohne Form ist gefährlich. Ich schlage euch folgende Gleichung vor:

Totale Freiheit = Tod

Diese Aussage ist zwar in einer postmodernen Kultur, in der Freiheit als der höchste Wert gilt, politisch inkorrekt, aber mir scheint sie durchaus zutreffend zu sein. Wenn man seinen Kindern die vollständige Freiheit gibt, dann werden sie das nicht überleben. Sie werden sterben. Wenn eine Gesellschaft versucht, in totaler Freiheit zu leben, ohne jegliche Form von Ehe, Familie, Verkehrsregeln, Beschränkungen von Medikamenten und so weiter, dann wird sie nicht lange überleben. Wenn es jedoch keine Freiheit gibt, dann haben wir Stillstand. Das ist ebenfalls keine gute Lebenseinstellung. Folglich ist Freiheit für das Leben unerlässlich, aber sie muss in einer sich gegenseitig ergänzenden Beziehung zur passenden Form stehen.

Wir neigen dazu, wie ein Pendel zwischen Freiheit und Form hin- und herzuschwingen. Es gibt historische Schwünge, die Jahrhunderte andauern, es gibt gesellschaftliche Schwünge, die plötzlicher ablaufen können, und es gibt persönliche Schwünge, die mehrmals pro Stunde stattfinden können. Vielleicht wünsche ich mir die Sicherheit, welche mir eine bestimmte Form bietet und wechsle dann doch wieder zur Freiheit – und häufig fällt es mir schwer, eine gute Balance zwischen beiden zu finden. Stets befindet man sich in einer Spannung, einem Kampf, einem Ungleichgewicht. Ein Überbetonen, eine Unvollständigkeit, das Fehlen eines Mittelpunktes in der Beziehung zwischen Form und Freiheit besteht immer. Es gibt ein Zuviel des Einen und ein Zuviel des Anderen. So habe ich vielleicht ein Übermaß an Form in meinem akademischen Leben, aber auch ein Übermaß an Freiheit in meinem Sexualleben, meinen Freundschaften oder meinem Sozialleben. Es ist schwierig, das Ganze sowohl stabil als auch dynamisch zu halten. Wenn es nur stabil ist und nicht auch dynamisch, dann ist es tot. Und wenn es nur dynamisch ist und nicht auch stabil, dann ist es Chaos. Wie bekommen wir das Ganze nun in eine dynamische Stabilität? Um zu deiner Frage zurückzukommen – eine gute Autorität würde die Wirklichkeit derart beschreiben, dass dadurch der richtige Mittelweg zwischen Freiheit und Form eingeschlagen wird. Eine schlechte bzw. verzerrte oder missbrauchte Autorität hingegen wird letztendlich auf einer Seite zu extrem sein – entweder erlaubt sie zu viel Freiheit ohne angemessene Form, oder sie erzwingt zu viel Form und Regulierung ohne die angemessene Freiheit.

5. Was ist, wenn ich die Autorität einer bestimmten Institution nicht mag? Was, wenn sie nicht vernünftig erscheint? Man könnte z.B. bei Verkehrsampeln durchaus argumentieren, dass es vernünftiger wäre bei Grün zu halten und bei Rot zu fahren.

Manchen Menschen würde das tatsächlich vernünftiger erscheinen. Aber Erkenntnis ist mehr als nur vernünftig. Sie beinhaltet Liebe, Demut, Unterordnung, Zusammenarbeit und Dienen. All das findet auch in Gott statt, innerhalb der Beziehungen der Dreieinigkeit. Wenn wir im Ebenbild Gottes geschaffen sind, dann sollten all diese Elemente auch in unserem Leben eine Rolle spielen. Sich unterordnen zu können ist eine mächtige Fähigkeit, und eine die uns menschlich macht. Diese Wirklichkeit hat unsere gegenwärtige westliche Kultur nicht wirklich begriffen. In unserer Kultur wird das Individuum überbetont. Sie betont persönliche Macht und persönliche Leistung. Wenn wir uns aber nicht mehr unterordnen können, dann haben wir ein Problem. Dann wird uns Demut, Dienst und Zusammenarbeit fehlen. Obwohl ich dem zustimmen könnte, dass es bei Verkehrsampeln vernünftiger wäre, bei Grün zu halten und bei Rot zu gehen, muss ich doch auch meine rationalen Präferenzen mit der Autorität der Tradition in Einklang bringen und mich dieser Tradition unterordnen. Das gilt auch für viele andere Fragen im Leben – manchmal muss ich mich unterordnen.

Im ersten Petrusbrief heißt es, dass wir uns Gott zuliebe unterordnen sollen, und zwar nicht, weil die Regierung oder die Herrscher perfekt sind, sondern weil Gott perfekt ist und Er uns darum bittet. Petrus sagt auch, dass wir uns unseren Herren (heute wären das die „Arbeitgeber") unterordnen sollen. Die meisten englischen Übersetzungen sagen, wir sollten uns auch dann unterordnen, wenn der Herr „harsch" ist, aber das tatsächlich zutreffende Wort ist *skolios*, was

„verdreht" oder gar „betrügerisch" bedeutet. Folglich solltest du dich der Autorität deines Herrn auch dann unterordnen, wenn er einen zweifelhaften Charakter hat, weil nämlich die Autorität von Gott gegeben ist und der Charakter deines „Chefs" nebensächlich ist. Natürlich bleibt da noch Raum für weitere Überlegungen, aber wesentlich ist doch, dass diese Aussage sehr deutlich ist und wir uns deshalb mit ihrer Wirklichkeit auseinandersetzen müssen.

6. Woher wissen wir, dass wir Gott vertrauen können?

Wir können Gott vertrauen, weil Er uns liebt. Aber woher wissen wir, dass Er uns liebt? Das ist kompliziert. Vielleicht wurde uns beigebracht, dass es wahr ist – aber es gibt keine Formel, um es zu beweisen. Der einzige Weg, Gott zu kennen, ist ihn als lebendige und persönliche Wirklichkeit zu kennen. In diese Wirklichkeit einzutreten kann verunsichernd sein, weil wir nicht wissen, was uns dort erwartet.

Es ist, wie wenn man am Verhungern ist und einen Teller mit Suppe angeboten bekommt. Kurz bevor man den ersten Löffel mit den Lippen berührt, fragt man sich: „Ist diese Suppe gesund oder vergiftet?" Das ist eine vernünftige Frage, und man kann die Antwort auf ganz unterschiedliche Arten herausfinden. Man könnte den Koch befragen um herauszufinden, ob er ein gemeingefährlicher Irrer ist. Man kann abwarten, bis andere die Suppe gegessen haben, um zu sehen, ob sie danach tot umfallen oder nicht. Wenn man ganz schlau ist, kann man die Suppe chemisch analysieren – obwohl eine chemische Analyse vielleicht gar keine eindeutige Antwort bringen würde, da dein Metabolismus auf die Suppe vollkommen anders reagieren oder sich die Zusammensetzung der Suppe beim Abkühlen verändern könnte. Es gibt also ganz viele Variablen und keine davon wird ausreichen, um eine befriedigende Antwort zu geben. Der einzige Weg, um wirklich herauszufinden, ob die Suppe gut ist für dich, ist sie zu essen. Das ist das Leben im Glauben. Wir essen im Glauben oder wir verhungern. Wissen und Vernunft können hilfreich sein und den Glauben unterstützen, aber sie können uns in diesem Fall nicht weiterbringen. Glaube ist notwendig.

Die Bibel lässt uns *schmecken und sehen, wie freundlich der Herr ist*. Normalerweise sehen wir nicht, wenn wir schmecken, und wenn wir sehen, dann schmecken wir nicht. Gott bringt unsere Sinne auf eine ganzheitliche Art und Weise in dieser Aussage in Einklang. Das Wissen über die Vertrauenswürdigkeit Gottes kann nicht auf einen Sinn reduziert werden. Es kann nicht auf das Denken, das Schmecken, das Sehen oder das Fühlen reduziert werden, sondern es muss all diese Sinne verbinden und braucht auch dann noch mehr. Zu all dem müssen wir den Glauben hinzufügen, damit unser Wissen über Gottes Vertrauenswürdigkeit vollständig wird. Wir kommen zu Gott mit unserem gesamten Sein.

7. Wäre es zutreffend zu sagen, dass du gemischte Gefühle bezüglich der Postmoderne hast?

Das stimmt tatsächlich. Ich bin dankbar für die Postmoderne, weil sie der Wahrheit die Subjektivität zurückgegeben hat. Aber ich bin auch unzufrieden mit der Postmoderne, weil sie der Wahrheit die Objektivität genommen hat.

8. Verhilft uns der Heilige Geist zu Erkenntnis durch unsere Gefühle?

Ja, aber manchmal kann das, was wir in unseren Herzen fühlen, wie der Heilige Geist *erscheinen*, auch wenn Er es gar nicht ist. In solchen Situationen widersprechen unsere Gefühle der Bibel. Während meiner Arbeit als Pastor kam einmal eine Frau zu mir und sagte: „Der Heilige Geist hat mir gesagt, dass ich meinen Ehemann verlassen und dem Herrn als Missionarin dienen soll." Ich forschte nach den Gefühlen der Frau und ihrer Situation, was natürlich nicht genügte. Wir untersuchten ebenfalls, was die Bibel über die Ehebeziehung sagt, und nur anhand der Bibel konnte ich ihr sagen, dass es sich hier nicht um eine Führung durch den Heiligen Geist handelte. Obwohl unsere persönliche Erfahrung wichtig ist, wird es Situationen geben, in denen sie sich als irreführend herausstellt, wenn man sie im Licht der Bibel betrachtet.

9. Kann ein falsches Bibelverständnis dazu führen, dass man seine Erfahrungen falsch deutet?

Das kann passieren. Manche Leute glauben zum Beispiel, dass sie Gott lieben, obwohl sie das in Wirklichkeit nicht tun, weil sie nämlich ein falsches Verständnis davon haben, was die Bibel über Liebe sagt. Die Bibel ist ganz klar darin, dass wir nur auf eine Art wissen können, ob wir Gott lieben, nämlich indem wir andere Menschen lieben. Anders gesagt: Wir haben zwei unterschiedliche Arten von Erfahrung – die Erfahrung Gott zu lieben, und die Erfahrung andere Menschen zu lieben – und diese beiden Erfahrungen gehören zusammen. Oder in anderen Worten: die Erfahrung der Liebe zu Gott muss sowohl inkarnatorisch (menschgeworden) als auch transzendent sein. Wenn wir die Empfindung haben, Gott zu lieben, ist das womöglich nur transzendent; es ist vielleicht nur eine Idee oder ein Gefühl, das wir mit dem Übernatürlichen verbinden, was aber keine physische, praktische Auswirkung zeigt. Der wirkliche Test, der zeigt, ob unsere Liebe zu Gott eine echte geistliche Erfahrung ist, ist unsere Liebe zu anderen Menschen. Diese fleischgewordene Erfahrung bestätigt die Echtheit unserer transzendentalen Erfahrung der Liebe zu Gott. Diese beiden Erfahrungen ereignen sich zusammen und ergänzen sich gegenseitig.

Beim Thema Glaube und Werke sehen wir eine ähnliche Dynamik. Der Apostel Jakobus sagt uns: „Zeige mir deinen Glauben ohne die Werke, so will ich dir meinen Glauben zeigen aus meinen Werken... so ist auch der Glaube ohne Werke tot." Die Beziehung zwischen Glauben und Werken ist komplementär. Wenn wir das eine haben, dann wissen wir auch, dass wir das andere haben; wenn wir nicht beides haben, dann haben wir keines so richtig. Wenn Menschen die Bibel nur ab und zu lesen, begreifen sie diesen wesentlichen Aspekt nicht und denken vielleicht, dass sie lediglich aufgrund ihrer Gefühle oder ihrer Aktivitäten bereits Glauben haben.

10. Können „Brunnen" und „Erzählung" auch auf Erfahrung, Vernunft und Institution angewendet werden?

Ja. Für die Institutionsecke bedeutet das zum Beispiel, dass auf der Brunnenseite unsere Kirche, Nation, ethnische Zugehörigkeit oder andere Gemeinschaften, die Identität, Sicherheit oder Motivation vermitteln, erlebt werden. Auf der Erzählungsseite der Institutionsecke sehen wir eher das Große und Ganze einer Institution, ihre Geschichte und wie wir selbst in dieses Bild hineinpassen. Auf der Brunnenseite empfinden wir somit aufgrund einer ethnischen Zugehörigkeit Stolz und Ermutigung, während wir uns auf der Geschichtsseite im Kontext der gesamten Gemeinschaft erfahren und unsere Rolle und unseren Beitrag innerhalb dieses Rahmens sehen.

Die E-Ecke kann man ebenfalls sowohl unter dem Brunnen- als auch dem Erzählungs-Aspekt betrachten. Auf der Brunnenseite erleben wir zum Beispiel Begeisterung, Freude oder

Friede durch Tätigkeiten wie Lieder singen, in der Natur spazieren gehen oder Skifahren. Auf der Geschichtsseite können wir unsere Erfahrungen im Gesamtzusammenhang unseres Lebens einordnen und sie miteinander in Beziehung setzen. Die Erzählungsseite der E-Ecke überlappt sich etwas mit der I-Ecke.

Die R-Ecke kann man ebenso in Brunnen- und Erzählungsaspekte unterteilen. Auf der Brunnenseite können wir Neugier, Begeisterung und Befriedigung verspüren, wenn wir neue Dinge mit unserem Verstand entdecken und erforschen. Wissenschaftler und Ingenieure können derartige Erfahrungen sicher nachempfinden. Auf der Geschichtsseite können wir sehen, wie die Dinge, die wir gelernt oder entdeckt haben, mit anderen Wissensbereichen und dem Fortschritt der Wissenschaft in Beziehung stehen. Wenn ich zum Beispiel als Ingenieur der Luftfahrttechnik einen neuen Flugzeugtyp entworfen habe, dann könnte ich sehen, wie sich dieses Flugzeug aus den vorangegangenen Typen entwickelt hat und wie es in den geschichtlichen Fortschritt in der Luftfahrttechnik hineinpasst.

11. Wie bist du auf die vier epistemologischen Ecken gekommen? Was hat dich überzeugt, dass diese Ecken ein vollständiges Erkenntnissystem darstellen?

Diese vier Ecken sind die Grundlage für meine eigene Epistemologie. Im Laufe meines Lebens habe ich versucht, rational zu sein, und ich habe erkannt, wie die Vernunft dabei helfen kann, die Welt zu verstehen. Ich habe innerhalb verschiedener Traditionen gelebt, war also Teil einer Nation oder einer Familie, und habe so erkannt, dass Traditionen eine wichtige Rolle dabei spielen, die Wirklichkeit zu erkennen. Ich habe ausgesprochen prägnante persönliche Erfahrungen gemacht, und mit scheint, dass auch diese in meine Erkenntnis integriert werden müssen. Mein Leben wurde auch von Offenbarungen beeinflusst, also braucht auch das einen Platz.

Ich bin fortwährend darum bemüht, diese vier Ecken miteinander zu integrieren. Und niemals ist es perfekt. Ich muss Gott vertrauen, vor allem wenn ich es alleine nicht hinbekomme – also immer. Wenn ich es ganz allein schaffen würde, dann bräuchte ich Gott nicht und wäre ein humanistischer Atheist. Und genau das passierte im Paradies mit Eva, als sie ihre Begegnung mit der Schlange und der Frucht vom Baum der Erkenntnis des Guten und des Bösen hatte. Die Schlange versprach Eva, dass wenn sie die Frucht äße, sie wie Gott werden und selbst wissen würde. Und in einer derartigen Situation stecken wir alle: wir essen alle diese Frucht und wir streben nach einem Wissen, das uns von Gott unabhängig macht.

12. Manchmal widersprechen sich Wissenschaftler und Theologen bei Fragen wie dem Alter der Erde, weil sie aus unterschiedlichen Ecken an die Themen herangehen. Was würdest du vorschlagen, um einen besseren Diskurs in derartigen Situationen zu ermöglichen?

Ich würde ein gewisses Maß an Demut vorschlagen. Die Ecken müssen zusammengehalten und in einer komplementären Beziehung gesehen werden. Die Bibel sollte nicht isoliert gelesen werden; sie wurde nicht für die Engel geschrieben, sondern für Menschen, die in Raum, Zeit und Geschichte leben, und das beinhaltet auch den rationalen Fortschritt der wissenschaftlichen Forschung. Wir müssen vorsichtig sein und dürfen nicht erwarten, dass die unterschiedlichen Ecken die Sprache der jeweils anderen Ecken sprechen. Die Ecke der Rationalität wird versuchen, so objektiv wie möglich zu sprechen, während die Bibel, da sie eine persönliche Kommunikation darstellt, auch Subjektivität beinhaltet. So sind zum Beispiel die Gleichnisse Jesu wahr, aber ihre Wahrheit ist nicht auf objektive Tatsachen begrenzt. Sie sind zwar objektiv gesehen nicht exakt, aber das bedeutet nicht, dass sie nicht wahr sind.

13. Deine Aussage „objektiv gesehen nicht exakt" erinnert an die Unterscheidung zwischen „akkurate" und „nicht-akkurate" Wahrheit aus deinem Buch „3 Weltformeln", was sich auch in den beiden Spalten des Brunnen- und Erzählungsansatzes im vorliegenden Buch zeigt. Könntest du diese Unterscheidung noch etwas weiter ausführen?

Lass mich ein Beispiel anführen, das ich oft verwende. Wenn man eine echte Brücke bauen will, dann muss man an das Projekt objektiv herangehen. Man muss exakte mathematische Berechnungen durchführen. Dann wird man in der Lage sein, eine objektiv akkurate Brücke zu bauen. Andererseits kann man sich nicht auf akkurate Art und Weise verlieben. Diese Erfahrung ist subjektiv und beinhaltet chaotische und unvorhersehbare Emotionen. Man kann den Vorgang des sich Verliebens nicht planen. Dennoch würde man nicht sagen, dass das Verlieben nicht wahr ist, bloß weil es eben subjektiv ist. Es ist sehr wahr – was dir jeder bestätigen kann, der sich schon einmal verliebt hat - aber eben auf eine nicht-exakte Weise. Die Objektivität der Brücke ist für jeden gleich, aber die Subjektivität des sich Verliebens ist einzigartig und exklusiv. Eine noch vollständigere Erfahrung der Wahrheit wäre vielleicht, wenn man sich auf einer Brücke verliebt.

14. Gibt es nur vier Ecken? Oder sind da noch mehr?

Es könnte mehr Quellen geben, aber ich denke, dass diese vier Ecken den Großteil des Lebens abdecken. Bei meinen

Vorträgen über Epistemologie gab es ein paar Leute, die zusätzliche Ecken vorgeschlagen haben, aber wenn man etwas genauer über diese Vorschläge nachgedacht hat, hat sich immer herausgestellt, dass man diese neuen Ecken unter den bereits bestehenden vier Ecken einordnen kann.

15. Was du über die objektiven Aspekte der Wahrheit lehrst, setzt bestimmte Definitionen voraus. Menschen fühlen sich bei Definitionen oft nicht wohl. Warum ist das so?

Manchmal haben Menschen, vor allem postmoderne Menschen, Angst vor Definitionen, weil sie befürchten, dass sie durch Definitionen gelähmt werden. Die Menschen stellen sich Definitionen als unbewegliche Punkte vor. Aber eine Definition ist kein Punkt, sondern ein Kreis, und in diesem Kreis befindet sich eine unendliche Anzahl von Punkten. Wenn ich Silvio bitte, mir eine Tasse Tee zu holen, dann könnte es sein, dass er mir einen Pfefferminztee in einem Becher bringt, oder schwarzen Tee in einer Tasse mit Untertasse, Tee mit Zitrone, Tee mit Milch, Tee mit Honig, Kräutertee, Earl Grey oder Jasmintee. Es gibt eine unendliche Anzahl von „Tee-Möglichkeiten", aber es wird kein Hammer sein. Ein Hammer ist nicht im Kreis der „Tasse Tee" enthalten. Das gilt auch für „Banane" oder „Stuhl". Definitionen sind wesentlich für mein Leben, denn wenn es sie nicht gäbe, dann müsste ich einen Hammer trinken und sterben. Oder anders gesagt – Definitionen zu haben entscheidet über Leben und Tod. Definitionen haben Autorität über Bedeutungen, und wir brauchen diese Autorität. Es spielt keine Rolle, wie ich mich damit fühle. Wenn jemand einen Tee für dich zubereitet und Gift dazu gibt, dann ist es keine Frage, ob du dem Gift die Autorität gegeben hast, dich zu töten oder nicht. Das Gift hat diese Autorität auch ohne dich.

Woher kommt diese Autorität? Die Bibel sagt uns: „Alle Autorität kommt von Gott". Das ist entweder wahr oder unwahr. Wenn es wahr ist, dann müssen wir bei diesem Verständnis bleiben und lernen, damit klar zu kommen. Es bedeutet nicht, dass Menschen ihre Autorität immer angemessen handhaben werden oder dass es mir immer gefallen wird. Es bedeutet nur, dass die Autorität von Gott kommt, weil in Ihm und unter Ihm Autorität ist. Deshalb können wir ohne Autorität nicht leben. Wir brauchen Dinge außerhalb von uns, welche die Wirklichkeit für uns beschreiben. Wir können die Realität nicht für uns selbst erfinden. Bei postmodernen Menschen ist der Drang, sich seine eigene Wirklichkeit zu schaffen, sehr stark ausgeprägt, aber ich glaube nicht, dass sie das auch wirklich schaffen. Ich denke, dass wir alle in einer Wirklichkeit leben, die von unserer Einstellung unabhängig ist.

16. Manche Zweige in der protestantischen Kirche sind sehr liberal und bibelkritisch geworden. Könntest du etwas über diese Entwicklung sagen?

Diese Entwicklung liegt darin begründet, dass die Kirche die Aufklärung und den Glauben an die Wissenschaft zu ihrem Salz und Licht gemacht hat. Beide Strömungen fordern, dass jegliche Wahrheit der Bibel ausschließlich objektiv sein muss. Viele Christen haben diesen rationalistische Anspruch in sich aufgenommen. Wenn die Bibel dann diesem Anspruch nicht genügt, werden liberale Christen verunsichert und geben schließlich die Wahrheit der Bibel ganz auf. Auf der anderen Seite können fundamentalistische Christen durch diesen Anspruch auch unter Druck geraten. Sie versuchen dann, die gesamte Bibel ausschließlich als objektive Wahrheit zu sehen.

17. Wie viel Klarheit können wir erwarten, wenn wir die Bibel lesen?

Wir können ganz viel Klarheit erwarten. Wer allerdings vollkommene Klarheit von seiner Bibel erwartet, wird vermutlich durch die R-Ecke dazu verleitet, d.h. er liest und interpretiert die Bibel durch eine sehr rationalistische Brille. Ein Extrembeispiel für diese Tendenz wäre jemand, der versucht herauszufinden, wer die Mutter des verlorenen Sohnes war. Ein anderes Beispiel wäre der Versuch, die genaue Übereinstimmung aller Bilder in den Gleichnissen zu ermitteln und daraus genaue Anweisungen und Vorschriften für das Leben abzuleiten. Ein besserer Weg als Zugang zu den Gleichnissen wäre jedoch, sie als Fenster zu sehen, die Jesus öffnet und durch die wir die Wirklichkeit aus anderen Blickwinkeln sehen können. Wie ich zuvor erwähnt habe, sind die Gleichnisse ein Beispiel für nicht-akkurate Wahrheit.

Ein weiteres Beispiel für nicht-akkurate Wahrheit ist der Abschnitt aus dem Johannesevangelium Kapitel 6: „Wer mein Fleisch isst und mein Blut trinkt, der bleibt in mir und ich in ihm." Dieser Abschnitt ist wahr, aber er bietet keine akkurat-wissenschaftliche Interpretation.

18. Manche Leute, die in ihrem christlichen Glauben stark sein wollen, halten sich besonders an die B-Ecke und vermeiden die anderen Ecken. Was denkst du darüber?

Ich denke, dass Christen die Möglichkeit beachten sollten, dass ihr Glaube an die Bibel gestärkt werden kann, wenn er mit den anderen drei Ecken zusammengebracht wird. Wir können nicht einfach in die Bibel einsteigen und in ihr leben. Die Bibel hilft uns, in der Welt zu leben. Wir brauchen keine Angst vor den anderen Ecken zu haben, obwohl sie alle ihre eigenen

Gefahren mitbringen. Keine der Ecken ist sicher. Der Teufel hat sogar versucht, das Bibelverständnis von Jesus zu manipulieren (wie wir in Lukas 4:9-11 sehen können). Also ist auch die Bibel-Ecke nicht vollkommen sicher. Wir sollten es uns in keiner der Ecken zu gemütlich machen und einschlafen.

19. Ist es möglich, dass die R-Ecke die B-Ecke unterstützt?

Ja. Die R-Ecke ist die Grundlage für die historische und archäologische Forschung. Während des 18. Jahrhunderts glaubten viele Gelehrte, dass zu der Zeit von Moses die Schrift noch gar nicht erfunden war und somit die frühen Bücher der Bibel nicht zu der von ihnen selbst behaupteten Zeit geschrieben sein konnten. Dann entdeckten Archäologen im Jahrhundert den Kodex Hammurabi, der um 1700 v. Christus geschrieben wurde. Die Entdeckung, dass die Menschen bereits vor Moses schreiben konnten, bekräftigte die Sicht, dass die frühen Bücher in der Bibel tatsächlich zu der Zeit verfasst worden sein konnten, deren Ereignisse sie beschrieben.

20. Normalerweise wollen sich Christen der Bibel unterordnen. Sollten wir uns auch den drei anderen Ecken unterordnen?

Für jede der vier Ecken gilt, dass sie ihre Autorität im Kontext mit den Autoritäten der anderen drei Ecken ausüben muss, und zwar auf eine komplementäre und nicht gegeneinander gerichtete Art. Wir sollten uns keiner Ecke isoliert unterwerfen, denn das wäre eine Form des Götzendienstes. Wir würden einen Teil der Wirklichkeit herausgreifen und ihn verabsolutieren. Dann würden wir die Bibel anbeten, oder die

Erfahrung, die Tradition oder die Vernunft, und hätten am Ende doch nur ein verzerrtes Wirklichkeitsverständnis. Denkt daran, dass *jede* Ecke grundlegend ist!

21. Es gibt Leute die behaupten, dass wir ganz gut nur mit der E-, I- und R-Ecke auskommen und die B-Ecke weglassen können. Welche Risiken sind damit verbunden?

Es gibt ganz unterschiedliche Risiken. Falls es eine übernatürliche Wirklichkeit gibt, ich aber nur die E-, I- und R-Ecke akzeptiere und die B-Ecke ausblende, dann wäre ich in meinem Bewusstsein des Übernatürlichen ohne jegliche Führung. Andere Leute wiederum sagen: „Ich bin spirituell, aber nicht religiös", und meinen damit, dass sie sich zwar des Übernatürlichen bewusst sind, aber keine Möglichkeit haben, das in die E-, I- oder R-Ecke zu integrieren. Dadurch wird ihre Spiritualität hochgradig subjektiv und instabil. Ohne die Bibel ist es schwer, objektive Aspekte in der Spiritualität zu finden.

Wenn Menschen nur auf die E-, I- und R-Ecke zugreifen, dann funktionieren sie innerhalb eines humanistischen Relativismus. Und das stellt ein weiteres Risiko dar. Wenn die Menschen im Ebenbild Gottes geschaffen sind, dann brauchen sie Absolute, weil auch Gott absolut ist. In einer postmodernen Kultur sind die Menschen der Absoluten müde und gehen lieber davon aus, dass es keine gibt. Auf Konferenzen, auf denen ich gelehrt habe, hatten die Veranstalter T-Shirts entworfen, auf denen die Frage stand: „Sind alle Absolute absurd?". Diese Frage beißt sich selbst in den Schwanz, denn wenn alle Absolute absolut absurd sind, dann ist es auch dieses Absolut. Der einzige Fluchtweg vor der Absurdität liegt darin, Absolute zu haben. Und diese finden wir in der B-Ecke.

22. Gibt es keine Möglichkeit, ein Absolut aus der objektiven Natur der R-Ecke abzuleiten?

Man könnte ein Absolut ableiten, aber es wäre mechanisch und unpersönlich. Wir Menschen erfahren im Leben das Subjektive und das Persönliche, somit würden wir in ein vollkommen rationales oder objektives Absolut nicht hineinpassen oder hineingehören.

23. Muslime oder Hindus könnten aus der B-Ecke die Bibel herausnehmen und mit irgendeiner anderen speziellen Offenbarung oder einem spirituellen Text ersetzen, wie z.B. dem Koran oder den Veden. Wie können wir wissen, inwiefern eine derartige Epistemologie gültiger ist im Vergleich zu einer Epistemologie mit der Bibel in der Offenbarungsecke?

Wir müssen den jeweils vorgeschlagenen Offenbarungstext untersuchen und prüfen, inwieweit er mit der Geschichte und der Wissenschaft übereinstimmt, und wie er zu dem Leben passt, das wir leben. Wir müssen aufpassen, dass wir an diese Texte nicht religiös herangehen und sie anbeten oder einfach annehmen, dass sie wahr sind, sondern wir müssen ihnen Fragen stellen. Wir sollten den Text der Offenbarungs-(B-)Ecke darauf prüfen, ob er die anderen drei Ecken ergänzt oder ihnen widerspricht. Meiner Ansicht nach passt die Bibel besser zu den drei anderen Ecken als irgendein anderer Offenbarungstext.

24. Dein epistemologisches System erkennt explizit die Bedeutung der Wissenschaft an, die sich wiederum stark auf die Vernunft stützt. Spielt die Kunst epistemologisch auch eine Rolle?

Kunst bzw. Kreativität findet vor allem in der E-Ecke statt. Auf der einen Seite hilft uns Kunst dabei, die Wirklichkeit auf ganz unterschiedliche Arten wahrzunehmen. Auf der anderen Seite hilft sie uns dabei, unsere Erfahrungen in vielfältiger Weise zu ordnen. Zur Kunst sollten wir Literatur, Schauspiel, Poesie, Tanz, Musik, Bildhauerei, Innenarchitektur, Modedesign, Architektur und natürlich auch die Malerei zählen. Gute Künstler wollen den Menschen dabei helfen, die Wirklichkeit ganzheitlicher kennen zu lernen. Das ist Teil einer Epistemologie. Kunst kann wahr oder unwahr, hilfreich oder schädlich sein, und muss deshalb immer darauf hin überprüft werden, ob sie zu den anderen drei Ecken in einer komplementären Beziehung steht.

25. Du hast erwähnt, dass Autorität am besten funktioniert, wenn es auch Vertrauen gibt. Könntest du etwas mehr über Vertrauen sagen oder auch andere Elemente, die noch wichtig sein könnten?

Autoritätsbeziehungen benötigen Vertrauen, damit sie optimal funktionieren können. Ohne Vertrauen ist die Beziehung des Untergebenen gegenüber einer Autoritäts-Person oder -Institution davon geprägt, dieser Autorität aus dem Weg zu gehen, sie zu stürzen oder gegen sie zu rebellieren. Eine ganz wichtige Rolle spielen Verlässlichkeit, Konsistenz und Respekt. So muss zum Beispiel die Person in Autorität die untergebene Person respektieren. Respekt bedeutet anzuerkennen, dass die Person unter Autorität den gleichen Wert hat wie die Person, welche die Autorität ausübt, auch wenn beide unterschiedliche Rollen innehaben.

Wir brauchen eine klare Vorstellung der Rollen und Funktionen in Autoritätsbeziehungen. Ich hatte bereits erwähnt, dass Demut eine Form des Realismus ist. Dabei geht es nicht darum, wie wir uns fühlen oder was wir wollen, oder dass wir uns als Fußabtreter benutzen lassen. Es geht darum, sich ehrlich über die wirkliche Situation und den eigenen Zustand klar zu werden. Manchmal brauchen wir Demut um zu erkennen, dass wir *unter* Autorität stehen. Manchmal brauchen wir Demut um zu erkennen, dass wir Autorität *haben*. Beides kann schwierig sein. Wenn wir diese Wirklichkeiten nicht akzeptieren, entstehen Unklarheiten, Missverständnisse und möglicherweise auch Konflikte. Obwohl Autorität für das Leben essentiell ist, kann sie auch destruktive Auswirkungen haben. Deshalb müssen wir weise und umsichtig sei.

26. Vorhin sagtest du, dass die Schwerkraft Autorität hat. Aber wenn Autorität bedeutet, „die Macht zu haben, die Wirklichkeit zu beschreiben", inwiefern „beschreibt" die Schwerkraft dann die Wirklichkeit? Die Schwerkraft spricht nicht.

Sprache ist nicht der einzige Weg, um etwas kommunizieren oder demonstrieren zu können. Die Schwerkraft „sagt" uns, dass wir uns wehtun werden, wenn wir von einem hohen Gebäude springen. Es ist wichtig, dieser Botschaft zuzuhören und sie ernst zu nehmen. „Beschreiben" bedeutet, dass man eine Linie oder einen Kreis um etwas zieht und es dadurch definiert und von anderen Teilen der Wirklichkeit trennt. Die Schwerkraft zieht zum Beispiel eine Linie um das Gehen und platziert es auf dem Boden anstatt an der Decke oder in der Luft.

27. Hat schon einmal jemand anderes ein ähnliches viereckiges Modell der Epistemologie entwickelt?

Ja. John Wesley hat ein Modell entwickelt, das „Wesley'sches Viereck" genannt wird und das vier Quellen der Autorität für theologische Überlegungen nennt. Wesleys Quellen sind, wie bei mir, die Schrift, Tradition, Erfahrung und Vernunft.

Allerdings ist das Ziel seiner Vierecks-Methode die theologische Reflexion, während es bei mir die Epistemologie ist. Ich habe Wesleys Arbeit entdeckt, nachdem ich meine Überlegungen ausgearbeitet hatte, und war sehr erfreut, mich in seiner Gesellschaft wähnen zu können.

28. Sowohl die vier Ecken als auch die Brunnen- und Erzählungsansätze geben uns Auskunft über unser Wirklichkeitsverständnis als Ganzes. Aber wie kann man das im Alltagsleben umsetzen? In welchen Bereichen des gewöhnlichen, alltäglichen Lebens kannst du eine praktische Anwendung bzw. Umsetzung der vier Ecken oder des Brunnen- bzw. Erzählungssansatzes sehen?

Die Ecken und die Spalten [von „Brunnen" und „Erzählung", Anm. d. Übers.] bewahren uns vor Unausgewogenheit in unserem Denken oder unseren Erwartungen an das Leben. In der Ehe können uns die Ecken und Spalten beispielsweise zur Erkenntnis verhelfen, dass die Ehe weder mehr „männlich" noch mehr „weiblich" ist. Ein anderer Bereich wäre beispielsweise das Lesen von Texten. Wir erkennen die Bedeutung von Texten auf unterschiedliche Art und Weise. Einerseits zum Beispiel durch das, was der Text sagt und andererseits dadurch, wie ich darauf reagiere. Die Ecken und Spalten helfen uns, diese beiden Erkenntnisquellen als sich ergänzend zu verwenden. Ein drittes Beispiel wäre die Kindererziehung. In diesem Fall helfen uns die Ecken und Spalten dabei, den Kindern die objektiven Aspekte des Lebens zu vermitteln anstatt sie in einer totalen Traumwelt aufwachsen zu lassen. Sie ermöglichen aber auch, dass Kinder ihre eigenen, subjektiven Erfahrungen der Wirklichkeit machen.

29. Hätte jemand eine vollständige Epistemologie haben können, bevor die Bibel geschrieben wurde? Auch heute gibt es Orte und Kulturen, in denen die Menschen die Bibel noch nicht kennengelernt haben. Ist es für diese Menschen möglich, eine vollständige Epistemologie zu haben?

Niemand hat eine vollständige Epistemologie außer Gott in seiner Dreieinigkeit. Dennoch wäre es möglich, dass solche Menschen eine Epistemologie haben, die zur Errettung ausreicht. Die erste Ecke steht, wie ich anfangs gesagt habe, sowohl für „Offenbarung" als auch für „Bibel". Das bedeutet, dass Gott uns nicht nur durch die Bibel Offenbarung schenkt, sondern auch durch die Schöpfung als Ganzes, die Einzigartigkeit des Menschen oder direkte Offenbarung. Das Wirken des Heiligen Geistes ist nicht auf die Bibel beschränkt; er offenbart Wahrheit durch Träume, Naturbeobachtungen oder auf anderem Wege. Gott hat allen Menschen die Ewigkeit ins Herz gelegt. Die Frage ist, wie wir Ihm antworten. Eine „errettende" Epistemologie muss Glauben beinhalten, ob man die Bibel zur Hand hat oder nicht.

30. Du hast gesagt, „Offenbarung ist Information, die aus der übernatürlichen in die natürliche Welt gelangt". Könntest du die Unterschiede zwischen der übernatürlichen und der natürlichen Welt noch etwas erläutern?

Die natürliche Welt, die geschaffen wurde, beinhaltet die Erde und das physische Universum und ist offen für wissenschaftliche Erforschung. Die übernatürliche Welt, die ebenfalls geschaffen wurde, beinhaltet Engel und Dämonen. Es gibt auch eine übernatürliche Welt, die *„ungeschaffen"* ist. Das ist Gott selbst, der nicht geschaffen wurde, sondern immer existiert hat. Die übernatürliche Welt (sowohl geschaffen als auch ungeschaffen) ist wissenschaftlich kaum zugänglich, weil sie zum Teil in Dimensionen existiert und funktioniert, die der physischen Erforschung verschlossen sind.

31. Manche sagen, „Sehen heißt glauben." Was denkst du darüber?

Ich denke, es ist wahr. Sehen heißt glauben – aber glauben heißt auch sehen. Wenn wir zum Beispiel glauben, dass jemand uns liebt oder vertrauenswürdig ist, sehen wir ihn mit anderen Augen. Wir glauben nicht nur, weil wir sehen, sondern glauben verändert unser Sehen. Wenn der Glaube unser Sehen verändert, dann heißt das nicht notwendigerweise, dass wir dadurch wahrer oder falscher sehen. Der Glaube muss anhand dessen, was wir sehen, überprüft werden. Sehen und Glauben gehört zusammen. Sie sollten in einer komplementären Beziehung miteinander zu einer vollen Epistemologie hinarbeiten.

32. Du redest oft über „Wirklichkeit". Was meinst du mit „Wirklichkeit"?

Wirklichkeit ist, wer Gott ist, was Er tut und was Er will. Das bedeutet, dass das Böse unwirklich ist und dass Sünde unwirklich ist. Gott hat uns dazu geschaffen, wirklich zu sein, und wenn wir uns entscheiden, in der Unwirklichkeit zu leben, dann wird Ihn das ziemlich ärgern.

Wenn ich „wirklich" sage, dann meine ich totale, vollständige, absolute Wirklichkeit und nicht nur einen Aspekt oder eine Erfahrung der Wirklichkeit. Das Gleiche trifft auch auf das Wort „Wahrheit" zu. „Wahrheit" ist grundsätzlich das Gleiche wie Wirklichkeit. Wahrheit muss Liebe beinhalten, denn Liebe ist Teil dessen, was Gott ist und was Er tut und was Er will.

33. Können wir wissen, ob jemand erlöst ist?

Erlösung bedeutet, durch die Kraft Jesu aus einem selbstzentrierten, toten Zustand in einen auf den anderen zentrierten, lebendigen Zustand zu wechseln. Erlösung ist eine Tatsache, die Auswirkungen hat. Die Bibel spricht von Erlösung und Erlösungsgewissheit. Das ist nicht genau das Gleiche. Wenn jemand religiös ist und religiöse Erfahrungen gemacht hat, aber er wächst nicht in den Früchten des Geistes (Liebe, Freude, Friede, Geduld, Freundlichkeit, Güte, Treue, Sanftmut und Keuschheit), dann gibt es keinen Beweis bzw. keine Gewissheit, dass diese Person tatsächlich zu Gott gehört und neues Leben in Christus hat. In dieser Situation gibt es zwei Möglichkeiten: Entweder war diese Person niemals erlöst und hat kein neues Leben (was vermutlich das Wahrscheinlichste ist), oder diese Person ist erlöst und macht gerade eine ziemlich schwierige Zeit durch. Wir Menschen sind nicht der Heilige Geist, somit ist unsere Epistemologie begrenzt.

Manche Dinge weiß nur Gott mit Sicherheit.

UMFASSENDE GEISTLICHKEIT

Einleitung 211

Das erste Dreieck: Kreativität 217

Das zweite Dreieck: Rationalität 225

Das dritte Dreieck: Moral 231

Das vierte Dreieck: Emotionen 239

Das fünfte Dreieck: Sprache 247

Das sechste Dreieck: Gesellschaft (Beziehungen) 253

Das siebte Dreieck: Der Körper 259

Das achte Dreieck: Das Übernatürliche 265

Eine umfassende Geistlichkeit 270

30 Fragen 271

EINLEITUNG

Was ist geistlich?

Auf einer evangelikalen Leiterschaftskonferenz in Polen fragte ich einmal die Teilnehmer, was sie unter dem Begriff „geistlich" verstehen. Sofort gab es mehrere Antworten:

„übernatürlich"
„unsichtbar"
„etwas in meinem Inneren"
„nicht physisch"
„transzendent"

Ich sagte den Menschen, dass ihre Antworten sehr interessant wären, da sie damit die Inkarnation und Wiederauferstehung Christi als etwas Ungeistliches ablehnen würden. Die Bibel betont sehr nachdrücklich, dass diese Ereignisse physisch[1] waren. Ohne Weihnachten und Ostern wäre das Christentum nicht das, was es laut Bibel ist.

Das Ziel dieses Buches ist zu untersuchen und zu klären, was „geistlich" bedeutet, denn darüber herrscht viel Unklarheit. Häufig wird *geistlich* mit *übernatürlich* gleichgesetzt, und zwar sowohl in religiösen als auch in nichtreligiösen Kreisen.

Dieses Verständnis kann mit folgender Gleichung dargestellt werden:

geistlich = übernatürlich

---

[1] also körperlich [Anm. d. Übers.]

Ich stimme dieser Gleichung nicht zu und würde dem Gleichheitszeichen einen Strich hinzufügen, und zwar so:

geistlich ≠ übernatürlich

Wie bereits erwähnt, sind die Inkarnation und die Wiederauferstehung Christi zwei ganz zentrale Ereignisse des Christentums. Wenn die Bibel über diese Ereignisse berichtet, dann wird dabei betont, dass sie physisch, sichtbar, anfassbar und historisch sind.

Vermutlich ist die folgende Gleichung besser geeignet, um Geistlichkeit zu verstehen, und darum soll es auch in diesem Buch gehen:

geistlich = vollständig wirklich

Wenn *geistlich* so viel wie *vollständig wirklich* bedeutet, dann ist es wichtig zu verstehen, was Wirklichkeit ist. Oft fragen Studenten das als Erstes, wenn sie intelligent und aufmerksam sind. Wirklichkeit ist, wer Gott ist, was Er tut und was Er will. Das beinhaltet natürlich dich, denn Gott will, dass es dich gibt, und Er hat dich geschaffen. Das beinhaltet auch die gesamte natürliche Schöpfung, so wie Gott sie geschaffen hat. Und es beinhaltet auch die übernatürlichen Dimensionen, Kräfte und Kreaturen.

Verzerrungen davon, wer Gott ist, was Er tut und was Er will, sind nicht real, nicht wirklich. Sie sind nicht dauerhaft, sondern nur temporär. Die Ewigkeit ist dauerhaft, die Zeit ist temporär. Die Zeit ist nicht böse, aber sie wird enden. Krankheit, Leid und Tod, ebenso wie Stolz, Neid und Hass sind nicht in Ewigkeit real, auch sie werden enden. Eine Ausnahme ist das Leiden Christi, welches sowohl in der Ewigkeit als auch in der Zeit stattgefunden hat, und somit real ist.

Innerhalb der Zeit leiden wir durch Krankheit, Tod und andere Dinge, aber diese sind nicht Teil dessen, wer Gott ist, was Er tut und was Er will. Das, was nicht real ist, verursacht dieses Leid. Jemand der paranoid ist, leidet furchtbar unter Sinnestäuschungen, die nicht real sind. Durch das Leid werden diese Sinnestäuschungen nicht real. Diese nicht wirklichen Sinnestäuschungen, die wir erfahren, sind etwas, von dem uns Gott erretten und was Er auslöschen möchte.

Nicht-Wirklichkeiten zu erfinden und zu versuchen in ihnen zu leben, ist Sünde. Die Wirklichkeit Gottes beinhaltet als eine wesentliche Zutat die Demut. Wenn ich nun im Stolz lebe und selbstzentriert bin, dann ist das nicht-wirklich, und ich kann in dieser falschen, erfundenen Wirklichkeit nicht leben, weil es nichts gibt, was sie erhält. Ich muss in Gottes Wirklichkeit leben, darin wer Er ist, was Er tut, und was Er will. Wenn ich aus ihr heraustrete, dann sterbe ich. Das ist wie bei einem Zugvogel, der nicht fortzieht. Er wird sterben. Deshalb sagt die Bibel, *der Lohn der Sünde ist der Tod.*

Mit Sünde ist nicht irgendeine spezielle Handlung gemeint, auch wenn besonderen Handlungen mit Sünde zu tun haben. Sünde bedeutet grundsätzlich, die Parameter der Wirklichkeit zu verlassen und gegen die ausgesprochen reichhaltige Wirklichkeit zu rebellieren, in der wir auf unendlich kreative und schöne Art leben könnten, und statt dessen unsere eigene Wirklichkeit zu erfinden. Das ist Sünde, und es gibt sie im Großen und im Kleinen, in unseren Gedanken und unserer Sprache, und in unseren Handlungen.

Während der gesamten Menschheitsgeschichte hatte der Mensch die Neigung, seine eigenen Vorstellungen oder auch die von anderen anzubeten, und sie für wirklich zu halten, manchmal sogar für wirklicher als die Wirklichkeit selbst. Wenn wir das tun, können wir als Einzelner oder als

Gemeinschaft oder Gesellschaft nicht leben, weil es keine Grundlage gibt, um diese erfundene Wirklichkeit zu unterstützen oder zu erhalten.

Der Weg nach vorn liegt im Weg zurück zur Bibel, aber nicht im religiösen Sinne, in Form von Auswendiglernen und Rezitieren von vorgeschriebenen Texten, dem Abrufen erwarteter Gefühlsregungen, oder einer Interpretation durch Nabelschau, sondern indem man den Text liest und fragt: *Was ist die Wirklichkeit, die in der Bibel grundlegend beschrieben wird?*

Sobald wir die Parameter dieser Wirklichkeit erkennen, können wir versuchen, in dieser Wirklichkeit zu leben und andere Menschen in diese Wirklichkeit einladen. Für die Menschen, die alle Sünder sind, kann die Annahme dieser Einladung eine umfassende Transformation bewirken, denn sie beinhaltet den Übergang aus einer größtenteils falschen Wirklichkeit und Identität in eine wahre Wirklichkeit. Dieser Übergang beschreibt die Bibel als *von neuem geboren zu werden*. Diese Wiedergeburt bedeutet, dass man von neuem durch die Kraft des Opfers von Jesus Christus geschaffen wird und für immer in der tatsächlichen und wahren Wirklichkeit lebt.

Die Schöpfung ist real, aber die Verzerrungen der Schöpfung durch die Sünde sind nicht real. Sünde steht für jede Verzerrung, Rebellion, Abkehr oder Hinzufügung zur Wirklichkeit. Gott ist auf den anderen zentriert, und Er hat den Menschen in Seinem Ebenbild geschaffen, dass er auch auf den anderen zentriert ist. Wenn wir nun selbstzentriert und egoistisch sind, dann entspricht das nicht der Wirklichkeit, und wir haben durch diese Verzerrung furchtbar gelitten.

Geistlich zu sein bedeutet, so wirklich zu sein, wie wir sollten, gemäß Gottes Charakter und Absicht. Geistlich zu sein bedeutet, zu Gott zu gehören und in Seine Wirklichkeit zu passen. Ungeistlich zu sein bedeutet, Gottes Wirklichkeit zu verkleinern, zu vergrößern oder zu verzerren. Im 1. Korinther 13 schreibt Paulus über Liebe. Hier ist eine weitere Gleichung:

Gott ist Liebe.

Paulus lehrt uns, dass egal was wir erreichen oder erschaffen, wenn wir keine Liebe haben, werden wir wie eine klingende Schelle im Wind sein – das Geräusch zerstreut sich und ist verschwunden. Es ist unwirklich. Im Alten Testament, in den Psalmen, lesen wir, dass ein Mensch, der sein Leben auf die Nichtwirklichkeit baut, vergehen wird wie ein Traum beim Erwachen.

Betrachten wir die menschliche Geistlichkeit als eine Reihe von Dreiecken.

DAS ERSTE DREIECK: KREATIVITÄT

Der Hintergrund für das erste Dreieck ist Gott. Wenn wir wissen wollen, was „geistlich" nach biblischem Verständnis bedeutet, müssen wir mit der Bibel beginnen. Dort heißt es: „Gott ist Geist". Diese Aussage steht neben Aussagen wie „Gott ist Liebe", „Gott ist Licht" oder „Gott ist Wahrheit". Das bedeutet, dass alles an Gott Geist ist, dass es keinen Teil in Gott gibt, der nicht Geist bzw. geistlich ist. Um also herauszufinden, was geistlich bedeutet, müssen wir in der Bibel nachsehen, wer Gott ist und wie Er ist. Dadurch können wir ein Verständnis davon erlangen, was im biblischen Sinn mit geistlich gemeint ist.

Im 1.Buch Mose [Genesis] erfahren wir über Gott als erstes, dass Er schöpferisch tätig wird und dass Er spricht. Er erschafft in ganz ursprünglichem Sinne etwas, was vorher nicht vorhanden war, wie z.B. Zeit, Raum und Materie. Gott erschuf die Bausteine bzw. Fundamente der Welt, und Er erschuf auch die einzelnen Dinge darin: das Land, das Meer, Pflanzen und Tiere, und damit auch Beziehungen, die mit jedem weitere Schöpfungstag an Komplexität zunahmen. Dann sprach Er: *Lasst Uns den Menschen machen in Unserem Ebenbild.* Indem Er den Mensch in Seinem Ebenbild schuf, verlieh Er ihm auch Kreativität, so wie Er kreativ ist. Hätte Er das nicht getan, wäre der Mensch nicht in Seinem Ebenbild und unvollständig.

Die Kreativität des Menschen ist nicht wie die Urkreativität Gottes, die Zeit, Raum und Materie aus dem Nichts erschafft, sondern ist eine Kreativität, die den Schöpfungsprozess Gottes weiterführt. In Genesis wird beschrieben, dass dieser Prozess darin besteht, die Wirklichkeit in Teile zu trennen und so Beziehungen und Dynamiken zu erschaffen. Die Wirklichkeit war nicht als etwas Statisches gedacht, als eine Art undifferenzierte Materie, sondern als Meer und Land, Tiere und Pflanzen, mit Kontrasten und Beziehungen und energetischen Veränderungen. Die Wirklichkeit ist also in Teile unterteilt, und zwar nicht um dadurch auszugrenzen oder Konkurrenz zu erschaffen, sondern damit sich gegenseitig ergänzende Beziehungen entstehen. Als Gott den Menschen erschuf, erschuf Er ihn, damit der diesen Prozess auf eine Art und Weise weiterführt, wie es die restliche Schöpfung nicht vermag.

Der Mensch wurde auf die Erde gesetzt, bzw. ursprünglich in den Garten, um sich um die Komplexität der Beziehungen zu kümmern und sie zu mehren, die Gott ursprünglich geschaffen hatte. Ganz am Anfang lesen wir, dass Gott Adam auffordert, den Tieren Namen zu geben. Er unterteilt damit die Tiere in eine Taxonomie bzw. in Kategorien, um Beziehungen zwischen den Tieren herauszustellen. Die Tiere *wurden* zu den Namen, zu den Kennzeichen, die er ihnen gab. Sie zu benennen veränderte die Wirklichkeit. Sie zu benennen, veränderte ihre Beziehungen. Namensgebung ist eine mächtige Aufgabe. Ein hochrangiger Kunstkritiker schreib einmal, dass der Künstler spricht *Es ist so*, und alle anderen sagen *Tatsächlich! Das habe ich vorher noch nie bemerkt.*

Es ist die Aufgabe des Künstlers, den Menschen dabei zu helfen, Beziehungen zu erkennen, und ebenso war es die Aufgabe von Adam, Beziehungen in der Schöpfung wahrzunehmen, zu beschreiben und zu organisieren. Nur der Mensch bekam diese Aufgabe, nicht die anderen Tiere. Es ist für den Menschen nicht optional, dass er durch Worte, Bilder, Musik, Tanz, Kleidungsentwürfe, Architektur usw. Beziehungen aufdeckt. Ohne künstlerische Kreativität wären die Menschen nicht in Gottes Ebenbild, weil Gott kreativ ist und Beziehungen aufzeigt. Um geistlich zu sein ist es wesentlich, diese Art von Kreativität auszuüben.

Kreativität kann gefährlich sein. Sie kann für Stolz, Ego, Streit, Dominanz und Böses missbraucht werden, aber sie kann nicht einfach eliminiert werden, bloß um sicher zu gehen. Wir machen uns nicht rein und geistlich, indem wir unkreativ werden. Wir müssen akzeptieren, dass Gott uns als kreativ geschaffen hat, und wir dürfen die Kreativität nicht ablehnen.

Kreativität beschränkt sich dabei nicht auf Malerei und Musik oder andere Aktivitäten, die wir für „künstlerisch" halten. Ganz grundlegend betrachtet bedeutet Kreativität, bestehende Beziehungen zu erkennen und zu organisieren, und neue Beziehungen herzustellen. Zum Beispiel der Weizen: Natürlicherweise wächst Weizen zusammen mit anderen Pflanzen entlang von Flussläufen. Der kreative Mensch hingegen spricht: *Weizen, du wirst auf diesem Feld wachsen, und zwar allein.* Das ist nicht natürlich, das ist künstlich. Der Mensch ist berufen, künstlich zu sein. Denn das bedeutet *Kunst* im Eigentlichen. Es gibt, in anderen Worten, eine Unterscheidung zwischen Kunst und Natur. Wenn etwas natürlich ist, dann ist es etwas, was Gott tut, und es ist richtig, wahr und schön, aber es ist nicht Kunst. Kunst ist künstlich. Sie wird durch die Hand des Menschen geschaffen. Ein Weizenfeld ist nicht von Gott geschaffen, sondern durch den Menschen mit Hilfe seiner Vorstellungskraft, Forschung, Experimentieren und körperlicher Kraft. Daraus resultiert Zivilisation: Der Mensch kann sich niederlassen und muss nicht länger jagen und sammeln. Aber es ist auch eine Kunst, insofern sie Beziehungen erschafft und organisiert in dem, was Gott gemacht hat. So wie Weizenfelder ist auch das Kochen, Gastfreundschaft, Innenausstattung, Gespräche, Kindererziehung, Ausbildung, usw. kreativ, weil sie erfordern, dass Beziehungen erkannt und organisiert werden.

Die Kreativität ist eine der Eigenschaften, die den Menschen einzigartig macht. Sie ist ein Teil von Gottes perfektem Entwurf und Plan. Es wäre ungehorsam und rebellisch zu sagen: *Nein, Kreativität ist zu komplex und gefährlich, und wir werden unser Leben rein machen indem wir Kreativität auslöschen.* Ein Beispiel dafür wäre jemand, der ein Talent zum

Schriftsteller hat, sich jedoch zurückhält weil er befürchtet, es könnte ihn stolz machen, oder es wäre zu mächtig und könnte Menschen manipulieren, ganz so, als ob er sein Leben sauber und rein halten könnte, indem er es kleiner und enger macht. Jesus hat gesagt: *Ich bin gekommen, damit sie Leben haben und es im Überfluss haben.* Er hat nicht gesagt *Ich bin gekommen, damit sie das Leben haben und das in Reinlichkeit.* Das Leben ist ein Chaos, und Jesus weiß das. Es ist im Überfluss und komplex. Wir wandeln nicht in Kontrolle und auf Sicht, sondern wir wandeln im Glauben. In Situationen, die für uns zu komplex werden, als dass wir sie verstehen oder kontrollieren können, müssen wir auf Gott vertrauen, dass er uns bewahrt. Wir haben eine natürliche Tendenz dazu, das Leben zu reduzieren und zu kontrollieren, während die geistliche Tendenz ist, Gott zu gehorchen und die Komplexität und Verantwortung der Kreativität anzunehmen.

Es gibt allerdings auch eine Gefahr aus einer anderen Richtung. Wir könnten versuchen, uns durch unsere Kreativität selbst zu Gott zu machen. Um bei dem Beispiel des Schriftstellers zu bleiben, könnte er eine fiktive Welt erschaffen, in der Lebensentwürfe, Beziehungen und Werte unterstützt werden, die Gottes Schöpfung ersetzen sollen. Das kann man auch in Filmen beobachten. Oder ein anderes Beispiel aus der Landwirtschaft, hier haben wir die Macht und den Auftrag, das Pflanzenleben künstlich zu verändern und Dinge so anzubauen, wie sie natürlicherweise nicht wachsen würden. Diese Macht kann jedoch auch dazu missbraucht werden, einen Berghang zu entwalden, oder durch Bodenerosion einen Dust Bowl[2] zu erschaffen. Indem wir versuchen, die Natur zu kontrollieren, machen wir sie uns so auf verantwortungslose und dumme Weise zum Feind.

---

[2] Bezeichnung der Great Plains in USA und Kanada, die in den 1930er Jahren häufig von Staubstürmen betroffen waren. [Anm. d. Übers.]

Die Macht zur Kreativität, die Gott uns gegeben hat, ist nicht sicher. Wir müssen vorsichtig sein, uns mit Situationen möglichst tief und weit vertraut machen, um auf eine richtige Art kreativ zu sein, in der Haltung eines Geschöpfes statt in der Haltung eines Gottes. Wir müssen auf eine kreatürliche Art und Weise funktionieren. Wir sind kreativ vor dem Angesicht Gottes, der uns ein paar grundlegende Muster vorgemacht hat, und wir sollten diese grundlegenden Muster nicht durch unseren eigenen Vorstellungen ersetzen. Wir müssen uns an diese Muster, diese Beispiele halten. Das ist allerdings sehr kompliziert. Ich denke nicht, dass man da eine klare Linie ziehen und behaupten kann, „das haben wir verstanden, jetzt wissen wir, wie das geht", denn wir wissen es nicht. Umstände ändern sich, und wir müssen wachsam bleiben. Wir müssen nachdenken und im Gespräch bleiben, und im Gebet um Weisheit bitten und darum, dass Gott uns zurückhält.

Eine Linie zu unserem Schutz ziehen zu wollen ist eine natürliche Neigung, aber das würde nicht funktionieren. Wir könnten nie die richtige Linie finden, eine exakte Grenze mit der wir sagen könnten, *diese Art von Kreativität ist sicher, und jene ist es nicht*, weil Gott uns nicht dazu geschaffen hat, nur durch das Gesetz und durch Tatsachen zu leben, sondern auch durch Glauben, Gnade und Beziehungen, und die sind dynamisch. Linien sind statisch, und so hat Gott uns nicht geschaffen.

Gott ist nicht statisch. Gott ist sowohl unveränderlich als auch veränderlich. Wir können die Natur Gottes nicht verstehen, weil wir Geschöpfe sind. Um Gott verstehen zu können, müssten wir hinter Ihn treten und Ihm über die Schulter sehen, um das große Ganze überblicken zu können. Aber das können wir nicht. Wir müssen im Glauben wandeln, nicht im Wissen oder Verstehen, auch wenn wir uns das Verstehen und die Kontrolle intensiv wünschen. Wir wollen das Leben oft vereinfachen, damit es leichter wird und „wir es im Griff haben". Aber die Bibel zeigt uns, dass wir es nicht im Griff haben. Wir sind dauernd auf Gott angewiesen, dass Er uns leitet, beschützt und zurückhält. Wir brauchen Gottes Bewahrung in der unmöglichen Komplexität der Kreativität.

DAS ZWEITE DREIECK: RATIONALITÄT

Das zweite Dreieck ist die Rationalität. Rational bedeutet, dass man die Wirklichkeit in Beziehungen wahrnimmt, oder Ratios. Man nimmt also wahr, dass Teile der Wirklichkeit größer oder kleiner sind, schneller oder langsamer, heller oder dunkler, härter oder weicher. Und man sieht eine Vielzahl unterschiedlicher Qualitäten, wie z.B. Größe, Intensität, Form, Funktion usw., und man erkennt, wie diese unterschiedlichen Teile der Wirklichkeit miteinander in Beziehung stehen. Der Schöpfungsbericht in Genesis verdeutlicht spezifisch und detailliert, dass Gott rational ist. Der tägliche Ablauf besteht daraus, Beziehungen zu erschaffen und zu beobachten, und es dann für „gut" zu befinden. Die Beziehung zwischen dem Land und dem Meer – ist *gut*. Die Beziehungen zwischen den Pflanzen, den Tieren und den Lebewesen im Wasser – sind *gut*. Der kreative Prozess besteht daraus, fortwährend detailliertere Beziehungen zu erschaffen, und Rationalität bedeutet, diese Beziehungen zu erkennen und zu verstehen.

Als Gott Geschöpfe in Seinem Ebenbild schuf, waren sie rational. Nicht im Sinne von Schöpfern des Universums, sondern als einzigartige Geschöpfe, die anders waren als die restliche Schöpfung. Die Wahrnehmung der nicht-menschlichen Geschöpfe ist auf eine andere Art rational als bei den Menschen. Die Wahrnehmung der Menschen ähnelt der Wahrnehmung Gottes sehr.

Rationalität und Kreativität überlappen sich in manchen Bereichen, die Rationalität ist jedoch mehr ein Prozess des Identifizierens und mit größerer Klarheit Erkennens dessen, was bereits da ist. Kreativität hingegen ist, wenn man mit diesen Beziehungen etwas macht, vor allem wenn man neue Beziehungen schafft. Die Rationalität beobachtet Pflanzen beim Wachsen und kommt zu einem Verständnis des Wachstumsprozesses, die Kreativität jedoch verändert die Art des Pflanzenwachstums, indem z.B. einzelnen Pflanzen eigene

Felder zugewiesen werden. Durch die Rationalität bekommen wir Informationen über Dinge, und das ist essentiell, und durch die Kreativität fangen wir mit diesen Informationen etwas an, und das ist genauso essentiell, weil wir mit dem, was wir lernen, auch etwas tun.

Geistlich zu sein bedeutet so zu sein, wie Gott uns geschaffen hat, und Gott ähnlich zu sein. Die Rationalität ist ein essentieller Teil der Geistlichkeit, auch wenn sie nicht ohne Probleme ist. Wir können unsere Rationalität missbrauchen. Wir können Dinge auf eine gesetzliche oder mechanische Art rationalisieren. Wir können durch bestimmte Arten des Rationalisierens ungerechtes Verhalten rechtfertigen. Wir können mittels unserer Logik auf tödliche Weise sündigen. Deshalb wollen die Menschen auf Nummer sicher gehen, und versuchen im Glauben und Handeln *weniger* rational zu werden. Sie versuchen allein aus Glauben zu leben, vertrauen nur ihren Impulsen und Instinkten, folgen ihrem Herzen, und vermeiden, die Dinge durchzudenken und vernünftige Entscheidungen zu treffen, weil es sich für sie reiner und einfacher anfühlt, nur im Glauben zu leben. Das Gute an diesem Gefühl wird dann als göttliches Gefühl wahrgenommen, als geistliches Gefühl, aber das ist es nicht. Es ist eher ein Gefühl wie auf einem Drogentrip. Es fühlt sich gut an, also hält man es für wahr, obwohl man andere Kriterien benötigt um zu entscheiden, ob etwas gut oder nicht gut ist.

Auf Basis meines *Gefühls* zu urteilen ist humanistisch. Es ist nicht christlich. Es bedeutet *ich bin Gott*. Meine Gefühle oder Reaktionen sagen mir, was gut und was böse ist. Ich vertraue nicht auf Gott, dass Er es mir sagt. Ich vertraue nicht auf Gottes Wort, weil das kompliziert ist. Ich vertraue meinen einfachen Gefühlen und meinem Bauchgefühl, wenn es um die Welt um mich herum geht. Und um das zu schützen, halte ich es einfach und weigere mich, die Komplexität des rational seins ab.

Manchmal sagen die Menschen: *Ich habe meine Meinung, verwirre mich nicht mit den Fakten. Ich bin ein einfacher Mensch des Glaubens. Ich vertraue einfach und gehorche.* Wobei sie weder vertrauen noch gehorchen, denn sie eliminieren die Rationalität, die Gott als einen Teil ihrer Geistlichkeit geschaffen hat.

Natürlich ist unsere Rationalität begrenzt, und zwar aus verschiedenen Gründen. Zum einen sind wir Geschöpfe und nicht der Schöpfer, somit werden wir niemals alles erkennen und verstehen, bei weitem nicht. Des Weiteren ist unsere Rationalität durch die Sünde begrenzt, durch die Verzerrungen unseres Verstandes. Und schließlich dadurch, dass wir das Opfer der Sünde anderer Menschen sind, seien es unsere Eltern, Vorfahren oder Mitmenschen. Rationalität ist niemals perfekt und funktioniert am besten in gegenseitiger Ergänzung mit den anderen Aspekten unserer Geistlichkeit. Wenn wir die Rationalität isolieren und uns davon das Leben erhoffen, bekommen wir den Tod.

Die Rationalität kann auch durch Geschichte und Kultur verzerrt werden. Geschichte und Kultur können wie ein Pendel von einem Extrem zum anderen schwingen. Nehmen wir zum Beispiel Objektivität und Subjektivität. Die Aufklärung und die wissenschaftliche Revolution bewirkten beide einen starken Ausschlag zur Objektivität und zur Vorstellung, dass Wahrheit mit Fakten gleichzusetzen ist. Dieser Ausschlag bewirkte viel Gutes im Sinne von wissenschaftlichen Entdeckungen, für die ich sehr dankbar bin. Aber so war es nicht vollständig. Für Eines bin ich der Postmoderne dankbar: Sie hat die Subjektivität als Teil der Wahrheit wiederhergestellt. So ist Wahrheit nicht nur das Objektive oder Faktische, sondern beinhaltet auch individuelle und persönliche Perspektiven. Das Problem mit der Postmoderne ist jedoch, dass sie durch die Wiederherstellung der Subjektivität in gewissem Maße wiederum die Objektivität eliminiert hat. Und ein Extrem ist nicht besser als das andere, nur eben anders. Was wir brauchen ist ein sich gegenseitig ergänzendes Gleichgewicht in Fülle und Gänze sowohl der Objektivität als auch der Subjektivität.

Wie erreichen wir dieses Gleichgewicht? Durch Gebet und Vertrauen. Durch das Werk des Heiligen Geistes in unserem Leben, das uns verändert und uns den Geist Christi gibt, und nicht den Geist des Todes. So können wir diesem Gleichgewicht immer näher kommen, auch wenn wir es niemals erreichen. Niemand wird dieses perfekte Gleichgewicht erlangen, bis der Herr wiederkommt und alles neu macht. Bis dahin verbleiben wir in einer Situation, die nicht perfekt ist. Manchmal wollen Menschen etwas perfekt machen, aber Perfektionismus ist eine tödliche Krankheit, auch wenn sie verständlich ist, weil Gott uns dazu geschaffen hat, perfekt zu sein. Die Sehnsucht nach der Perfektion hat Gott in uns angelegt, aber der Anspruch, aus eigener Kraft Perfektion zu erlangen, oder die Angst, dass unser Leben ohne Perfektion keine Bedeutung und Wert hat, kommt nicht von Gott.

Rationalität funktioniert nicht gut, wenn sie isoliert ist. So wie hinsichtlich der Objektivität und der Subjektivität eine Balance gefunden werden muss, muss sie im Gleichgewicht mit anderen Bereichen der Geistlichkeit stehen. In einer gefallenen Welt werden wir dieses Gleichgewicht niemals vollkommen erlangen, aber eines Tages, in einer erlösten Welt, wird es geschehen. Und wenn es richtig ist, wird es kein statischer, eingefrorener Zustand sein, sondern eine aktive und dynamische Ewigkeit.

DAS DRITTE DREIECK: MORAL

Das dritte Dreieck ist die Moral. Moral bedeutet, dass man sich bewusst ist was sein soll und was nicht. So wie die Bibel Gott beschreibt, ist Er moralisch. Er ist sich bewusst, dass Er Seine Versprechen halten sollte, und dass Er nicht untreu und launisch sein soll. Dieses *sollen* kommt von Ihm selbst. Niemand hat Gott geschaffen. Hinter Ihm steht kein Onkel und sagt: *Du sollst ein zuverlässiger Gott sein!* Er ist selbst-gezeugt. Als Mose Gott beim brennenden Busch begegnete, fragte er: *Wer bist du? Was ist dein Name?* Gott sprach: *Ich bin der ich bin.* Gott ist selbstbestimmt, Seine eigene Ursache. Aus unserer kreatürlichen Perspektive ist das unvorstellbar. Wie kann es eine Erste Ursache geben? Aus unserer Perspektive wird alles, was geschieht, von etwas anderem verursacht. Und dennoch ist Gott die einzige Ausnahme. Er ist die Erste Ursache. Er ist die endgültige Realität, und Er ist der Anfang von Allem.

Gott ist sich Seiner Selbst als Erste Ursache bewusst, und Er kennt Seine eigene Natur. Er ist keine kosmische Gaswolke der Liebe. Er ist ein bestimmter Gott, ein kreativer, in Beziehung stehender, sprechender und Versprechen haltender Gott. Es gibt eine Definition Gottes von Ihm selbst und die Er uns mitteilt: *So bin ich.* Er weiß, dass Er auf eine bestimmte Art und Weise sein sollte. Er *sollte* ein sprechender Gott sein und *sollte nicht* schweigen. Er *sollte* Seine Versprechen halten und *sollte nicht* lügen. Er ist vollkommen konsistent mit dem was sein sollte, und tut niemals etwas, was Er nicht sollte. Er ist sich selbst gegenüber treu, und auch gegenüber Seiner Schöpfung.

Als Gott den Menschen in Seinem Ebenbild schuf, gab Er ihm auch dieses Bewusstsein von *sollen* und *nicht sollen*. Er gab ihnen auch ein spezifisches Beispiel dafür, indem Er den Baum der Erkenntnis von Gut und Böse in der Garten pflanzte und ihnen sagte: *Von diesem Baum sollt ihr nicht essen.* Der Baum war ein echter Baum, er war aber auch ein symbolischer Baum. Der Baum repräsentiert das unabhängig sein, aus sich selbst Gut und Böse unterscheiden zu können, anstatt dieses Wissen von Gott zu erhalten. Wenn ich mich dazu entschließe, das Gute und Böse aus mir selbst heraus zu erkennen, anstatt von Gott, dann macht mich das zu Gott. Dann beschreibe ich die Wirklichkeit. Ich bin die Quelle der Erkenntnis von Gut und Böse. Dieses Wissen kommt aus mir selbst.

Diese Überzeugung bewirkt den Tod. Tod deshalb, weil es mich von meinem Schöpfer entfremdet. Es entfremdet mich auch von anderen Menschen, die ebenfalls die Erkenntnis von Gut und Böse aus sich selbst erhalten, auch wenn sich diese von meiner unterscheidet. Wer hat nun Recht? Die Unterschiede sind so gravierend, dass man nicht einmal mehr sagen könnte, jeder habe Recht, denn dann hätte niemand Unrecht. Natürlich denken manche Menschen das gerne. Aber ich bin noch keinem Menschen begegnet, der sich nicht beschwert. Ich bin noch keinem Menschen begegnet, der nicht sagt: *Das ist nicht in Ordnung.*

Aber die Vorstellung, es gäbe kein Falsch oder Richtig, hält sich beharrlich in unserer Welt. Es gibt Menschen, die sagen: *Alles ist richtig*, oder *Alles ist OK.* Oder sie sagen: *Es gibt kein Richtig oder Falsch, Wir sind alle auf einer Reise. Wir wissen nicht, wo sie uns hinführt, aber das müssen wir auch nicht, und es geht nicht um das Ziel, sondern um die Reise.* Wenn wir das wirklich glauben würden, dürften wir uns logischerweise niemals über irgendwas beschweren. Stattdessen werden wir fast schon dazu gezwungen, uns zu beschweren, nämlich weil es Dinge gibt, die falsch sind, sowohl objektiv gesehen als auch subjektiv. Jeder erfährt Dinge, die irgendwie falsch sind, falsch in ihrem Kontext, und falsch an sich.

Die Überzeugung, dass alles richtig ist, und dass wir in Ordnung sind, so wie wir sind, ist eine besonders attraktive Vorstellung. Sie entspricht unserer natürlichen Neigung, dass wir reich im Geiste sein wollen. Aber das ist nicht, was die Bibel lehrt. In der Bergpredigt, in welcher der König, Jesus, sein Manifest des Königreichs verkündet, ist der erste Punkt die Armut im Geiste. Armut im Geiste bedeutet, dass *ich weiß, dass ich Gott brauche.* Reichtum im Geiste bedeutet zu wissen, *Ich bin gut in mir, und selbst-genügsam. Ich habe ein Recht auf Bestätigung. Ich brauche keine Vergebung, ich sollte bestärkt werden. Die Gesellschaft muss mir geben was sie mir schuldet. Das ist mein Recht. Ich bin in mir in Ordnung.* Armut im Geist bedeutet zu erkennen, dass es mir nicht gut geht, dass ich nicht in Ordnung bin. Ich brauche Vergebung. Ich brauche Veränderung. Ich brauche Heilung. Das ist der erste Punkt im Himmelreich: Wenn du keine Armut im Geiste hast, wirst du niemals eine Beziehung zum Himmelreich haben.

Der Botschaft Jesu zu vertrauen ist nicht nur eine Frage des Glaubens. Wenn ich mir mein Leben aufrichtig anschaue, dann sehe ich Chaos. Ich sehe meine Erbärmlichkeit. Ich erlebe meine Entfremdung zu anderen. Die Bibel ermutigt mich, diese Durcheinander zu erkennen, nicht weil es durcheinander gebracht wurde, sondern weil ich mich selbst dazu *entschieden* habe, es durcheinander zu bringen. Dies zuzugeben kann mitunter sehr schwer sein. Unser natürlicher Stolz steht dieser Erkenntnis im Weg. Vielleicht werden wir auch geblendet durch böse Mächte, die uns verderben wollen. Die Bibel lehrt, dass der Teufel herumschleicht wie ein Löwe zu suchen, wen er verschlingen könnte. Der Teufel spricht zu Menschen und ermutigt sie zu tödlichen Denkmustern und Denkweisen, die sie im Tod bestärken. Die Kombination dieser beiden Kräfte, unserem Stolz und dem Bösen, kann uns davon abhalten, die fundamentale Bedeutung der Armut im Geiste zu erkennen. Sie kann uns davon abhalten zu erkennen, dass wir Gott brauchen.

Obwohl die Vorstellung *Ich bin in Ordnung* heutzutage populär ist, ist die Bibel ganz klar, dass dieses Denken in der gesamten

Menschheitsgeschichte präsent war. Das Böse ist sehr mächtig, und Menschen lassen sich von ihm verführen und wählen es, weil es attraktiv erscheint. Wenn sie es einmal gewählt haben, kann es die Gewohnheiten verändern. Die Menschen bauen dann eine Festung um das, was falsch ist, und nennen es richtig. Wir verteidigen unseren Stolz. Wir verteidigen uns selbst, indem wir sagen: *Nein, mir geht es gut, das ist der richtige Weg.* Das ist eine echte Falle, und die Menschen brauchen Erlösung. Sie müssen aus ihrer Versklavung durch den Tod befreit werden. Auf irgendeine Weise steckt jeder von uns in dieser Falle, und wir alle brauchen Befreiung.

Religiöse Menschen, auch Christen, wollen oft sehr klare moralische Grenzen. Es stimmt, dass manche dieser Grenzen für uns von Gott gezogen werden, und diese sollten wir akzeptieren. Es ist jedoch ein Problem, dass die Menschen diese Grenzen übertreiben oder klein machen, oder auf irgendeine Weise verzerren. Im Grunde genommen ist die Grenze, die Gott uns gegeben hat, die Linie zwischen selbstzentriert sein und auf den anderen zentriert sein. Wenn es uns nur darum geht, selbst zu bekommen und bedient zu werden und für uns allein Bestätigung zu bekommen, dann bewegen wir uns in die falsche Richtung. Wenn wir jedoch an andere denken, also Gott oder andere Menschen, und wie wir ihnen helfen und ihnen dienen können, dann bewegen wir uns in die richtige Richtung. Es ist also vermutlich besser, sich eine *Richtung* vorzustellen, als eine *Grenze*. Es ist nichts falsch an einer moralischen Grenze, aber sie reicht nicht aus. So verurteilt die Bibel zum Beispiel ganz eindeutig den Ehebruch. Das ist eine Grenze, und die sollten wir nicht überschreiten. Wenn aber Jesus über den Ehebruch spricht, dann meint er damit den Ehebruch des Denkens und des Willens, nicht nur körperlichen Sex. Er fragt damit eher, *in welche Richtung du dich bewegst.* Wenn man es also unterlässt, mit jemand anderem als dem eigenen Ehepartner körperlich Sex zu haben, kann man sich immer noch durch die Vorstellungskraft, Sehnsucht, Besessenheit und Pornographie in Richtung Tod bewegen. Man kann sich moralischen Situationen also nicht mit Scheuklappen nähern und denken: *Ich habe diese Grenze nicht überschritten, also bin ich in Ordnung.*

Gott ist in der ganzen Bibel der gleiche Gott mit den gleichen moralischen Eigenschaften, sowohl im Alten als auch im Neuen Testament. Somit ist Gott moralisch konsistent. Natürlich gibt es Menschen die behaupten, dass Gott moralisch *inkonsistent* sei, aber sie vertreten diesen Standpunkt als Glaubensfrage. Er dient auch als Ausrede. Wenn sie glauben können, dass Gott Unrecht hat, dann sind sie frei. Dann können sie sagen: *Ich schulde Gott nichts. Es gibt keinen Schöpfer. Ich bin durch die Evolution entstanden wie ein Pilz aus dem Schimmel. Ich kann mein eigener Gott sein.* In der gefallenen Welt ist das ein sehr starker Impuls. Und ein weiteres Beispiel für Reichtum im Geiste.

Wenn mich Menschen auf die angebliche Inkonsistenz Gottes ansprechen, frage ich sie meistens: An was denkst du zum Beispiel? Und nach meiner Erfahrung haben die meisten Menschen kein eindeutiges Beispiel. Sie fallen dann zurück auf schwammige Vorstellungen wie etwa: *„Ist es nicht so, dass der Gott des Alten Testamentes gesetzlich ist, während der Gott des Neuen Testamentes liebevoll ist?"* Wenn man sich die Bibel aber sorgfältig und umfassend ansieht, was die meisten Menschen eben nicht tun, dann wirst du erkennen, dass die Behauptung, es gäbe zwei Götter, einen liebevollen und einen gesetzlichen, nicht wahr ist. Es ist der gleiche Gott, sowohl im Alten als auch im Neuen Testament. Mein Rat ist also, wenn die Frage nach der Beständigkeit Gottes für dich wichtig ist, dann gehe ihr nach. Überprüfe sie gründlich.

Ich ermutige die Menschen auch, neben der sorgfältigen Überprüfung der Bibel zum Verständnis Seiner Stimmigkeit, dass sie auch sich selbst sorgfältig überprüfen. Manchmal fragen Menschen: *Warum tut Gott nichts gegen das Böse, wenn Er doch allmächtig und allgütig ist?* Meine Antwort lautet: *Wenn Gott etwas gegen das Böse tun würde, was würde Er dann mit dir anstellen?* Diese Frage kann sehr hilfreich sein. Es ist eine der wichtigsten Fragen, die sich Menschen selbst stellen können, wenn sie über Gottes moralischen Charakter nachdenken. Wenn du in dieser Frage ehrlich bist, und dich auch ehrlich mit der Bibel auseinander setzt, dann wirst du auf Antworten stoßen, die dich vielleicht überraschen. Aber nur weil diese Frage hilfreich ist, heißt das nicht, dass die Menschen sie auch beachten. Bei derartigen Fragen verhalten sich die Menschen oft wie Teflon. Im Neuen Testament stellte Jesus selbst, Fleisch gewordener Gott, den Menschen Fragen, und dennoch glitten sie von ihnen ab wie von einer Antihaftbeschichtung. Gott selbst sprach mit ihnen von Angesicht zu Angesicht, und es half nichts. Ihr Stolz war so stark, dass sie fest entschlossen waren, nichts anderes zu bedenken als das, was sie glaubten. Das war vor zweitausend Jahren. Und die Menschen heute sind genauso.

Stolz kann so machtvoll sein und verführerisch, dass es uns schwer fällt zu erkennen, warum wir die Armut im Geiste brauchen. Wenn wir die Armut im Geiste haben, nehmen wir uns so an, wie Gott uns geschaffen hat. Damit nehmen wir Gottes Meinung an, die viel positiver ist als unsere eigene, denn Gottes Meinung von uns sagt, dass wir es wert sind, für uns zu *sterben*. Das ist schockierend. Das ist ein Teil des Skandals, den das Evangelium darstellt. Gott sagt: *Ich habe dich geschaffen, ich liebe dich. Du bist ein wunderbares Geschöpf, und du bist verloren. Ich will, dass du bei mir bist, so sehr, dass ich bereit bin, dafür zu sterben.* Man kann keine höhere Meinung haben als das. Positiver kann man nicht werden. Die negative Seite ist, dass du sterben musst. Du musst deinem Ego absterben, deinem Stolz, deiner Selbstzentriertheit, deinem Wunsch, dich selbst zu erfinden.

Es ist nicht einfach, so zu sterben. Es kann schmerzhaft sein und beängstigend. Das Gute daran ist aber, dass dein Leben viel größer wird dadurch. Du stirbst deinem tödlichen Selbst, aber du lebst in Christus. Das Positive wiegt viel schwerer als das Negative, auch wenn das Negative nicht zu vernachlässigen ist. Die Aussicht zu sterben kann quälend sein. Es kann einem vorkommen wie eine Operation am offenen Herzen ohne Narkose. Ich habe Verständnis für diese Angst, aber als Christ und Pastor ermutige ich fortwährend die Menschen: Vertrau auf Gott. Ertrage den Schmerz. Ertrage den Schock. Stirb deinem tödlichen Selbst, auf dass du in Christus leben kannst. Es mag schwer sein, sich für das Leben zu entscheiden, aber es ist schockierend, dass Menschen das Leben nicht wollen. Es ist schockierend, aber auch normal und verständlich angesichts all des Drucks, der Versuchungen und natürlichen Schwächen der menschlichen Existenz.

DAS VIERTE DREIECK: EMOTIONEN

So, wie die Bibel Gott beschreibt, hat Er Emotionen. Er wünscht sich, dass die Menschen leben und nicht sterben. Er wünscht sich, dass es den Menschen gut geht. Er wünscht sich, dass die Menschen bei Ihm wären und sich an Ihm erfreuen, und Er sich an ihnen. Er ist zornig, wenn das nicht geschieht – wenn die Menschen sich von Ihm abwenden und sich selbst oder einander zerstören.

Wir verstehen die Gefühle Gottes nicht besonders gut, aber die Bibel ist eindeutig darin, dass Er sie hat. Als Gott also Geschöpfe in Seinem Ebenbild erschuf, erschuf Er sie mit Gefühlen. Wir sehen das im Schöpfungsbericht. Adam funktionierte als Mensch, jedoch allein, und das war nach Gottes Worten *nicht gut*, denn das Ebenbild Gottes sind *sie*, nicht *er* oder *sie*. Adam war nur er, nicht sie[3]. Etwas Wesentliches fehlte. Als Gott Eva schuf, war Adam voller Emotionen und sang eine Art Lied in paralleler hebräischer Poesie. Er war aufgeregt. Gefühle waren ein Teil dessen, wer er war. Sie waren von Anfang an vorhanden.

Wenn es um Gefühle geht, können wir zwei Fehler machen. Der eine ist, dass wir, wenn wir erkennen, dass Emotionen nicht stabil und zuverlässig sind, versuchen, unsere Emotionen zu vermeiden und unsere Geistlichkeit ausschließlich rational zu gestalten. Wir können versuchen, das Ganze zu vereinfachen und unsere Emotionen zu reduzieren. Das ist jedoch falsch und zerstörerisch, denn Gott hat uns geschaffen, um Emotionen zu haben und sie zu erleben.

Der andere Fehler besteht darin, unsere Geistlichkeit ausschließlich als etwas Emotionales zu verstehen. Menschen können dann nach Wegen suchen, um emotionale Erfahrungen

---

[3] Plural (orig. = *them*) [Anm. d. Übers.]

zu machen, z.B. durch den Kontakt mit Menschen, oder indem sie eine bestimmte Art von Musik hören, oder eine bestimmte Art von Kunst betrachten, oder auf besondere Art und Weise reden. Die Menschen identifizieren dann ihre privaten Gefühle und ebenso auch die öffentlichen Gefühle, an denen sie teilhaben, als etwas Geistliches, und vernachlässigen letztendlich die Rationalität oder andere Aspekte der Geistlichkeit. Sie fühlen sich sicher und im Einklang mit Gott, weil sie wiederholt gestimmte Emotionen empfinden, die sie für geistlich halten. Diese Tendenz ist ein ernstes Problem und eine Reduzierung dessen, was geistlich bedeutet.

Sowohl unsere emotionale als auch unsere rationale Seite sind wichtig, aber keine von Beiden ist völlig vertrauenswürdig. Dennoch neigen die Menschen dazu, die eine oder die andere Seite zu betonen, und versuchen darum die andere zu limitieren oder gar zu eliminieren. Rationalität und Emotionen müssen zusammenarbeiten. Rationalität ohne Emotionen ist kein Leben. Es ist ein Computer. Emotionen ohne Rationalität ist ebenso ein Problem, ein Problem anderer Art, aber ebenso verzerrend.

Beim Bevorzugen von Emotionen neigen die Menschen dazu, bestimmte Arten von Gefühlen als geistlich zu definieren. Glücksgefühle werden eher favorisiert als Angst oder Scham, obwohl die Bibel uns lehrt, dass Angst und Scham Teil dessen sind, was wir in einer gefallenen Welt erfahren werden. Wir mögen diese Gefühle natürlich nicht, und so neigen wir dazu, unsere bevorzugten Emotionen, die wir als angenehm und wohltuend empfinden, als geistlich zu bezeichnen.

Ich glaube es gibt eine Emotion, die ich in Ermangelung eines besseren Ausdrucks als *Größe* bezeichnen würde. Stell dir vor, du befindest dich mitten in einem Gewitter, mit all dem Wind, Blitzen und Donner. In einer derartigen Situation kann ein

Gefühl entstehen, das weder Angst, noch Freude oder etwas Ähnliches ist, sondern *Größe* – und *das* setzen die Menschen oft gleich mit Geistlichkeit. Ich würde dieses Gefühl eher mit den mob-artigen Empfindungen radikaler Gruppen verbinden. Ehrlich gesagt habe ich dieses Gefühl in Versammlungen mit Tausenden von Christen erlebt, die zusammen singen – ein Rausch der Gefühle von Großartigkeit, was mir wirklich gefallen hat. Ich habe das exakt gleiche Gefühl, wenn ich Beethoven höre, und der war nicht besonders religiös.

Manche Menschen denken, dass wenn sie in einer Kirche das Gefühl der Größe wahrnehmen, oder auch ähnliche Gefühle, dass dies das Gefühl des Heiligen Geistes in ihnen ist. Aber ich bezweifle, dass das Werk des Heiligen Geistes in unserem Leben vornehmlich emotional erfahren wird. Ich würde Gefühle vom Wirken des Heiligen Geistes nicht ausschließen, sie aber auch nicht betonen, denn Gefühle können gefälscht werden. Andere Wirkungen des Heiligen Geistes in unserem Leben, wie die Früchte des Geistes, sind viel schwerer zu fälschen. Geduld, Freundlichkeit, Güte und Treue können nur schwer vorgetäuscht werden. Gefühle hingegen können ziemlich einfach vorgetäuscht und erzeugt werden. Möglicherweise nimmt mit einer Zunahme der bevorzugten Gefühle deine Geistlichkeit sogar ab. Wenn es darum geht, ob der Heilige Geist in uns wirkt, würde ich eher auf tatsächliche Veränderungen in unserem Leben und unseren Einstellungen achten, als auf Gefühle, die wir empfinden.

Manchmal wollen die Menschen nicht genau über ihre Gefühle nachdenken. Vielleicht erleben sie ihre Emotionen eher vage oder auf eine flüchtige Art, und wollen, dass das so bleibt. Dann würde ich fragen: *Willst du auch nicht genau wissen, welches Essen giftig und welches nahrhaft ist?*

Manche Menschen suchen nach der Erfahrung oder dem Gefühl des *Einsseins* mit allem. Sie können diese Erfahrung mit

Hilfe bestimmter Drogen machen, die z.B. psychedelisch wirken, oder durch unterschiedliche Praktiken der Meditation, und manchmal auch durch monistische Religionen, wie den Buddhismus oder Hinduismus. Aber die Erfahrung des Einsseins ist der Tod. Was bedeutet das? Beachte, dass am Anfang der Wirklichkeit die Dreieinigkeit steht, die sowohl eins als auch viele ist, sowohl vereint als auch vielfältig. Wenn die Bibel vom Bösen spricht, dann spricht sie vom Teufel, Satan, dem Ankläger, der nur eins ist, ohne Vielfalt. Innerhalb des Bösen gibt es keine Beziehungen. Es ist wie ein schwarzes Loch. Schwarze Löcher werden auch Singularitäten genannt, und das ist bedeutsam. Die Singularität ist der Tod; das Leben, wie wir es kennen, kann in einer Singularität nicht funktionieren.

Manche Menschen behaupten, dass die Erfahrung des Einsseins unser Gefühl für Frieden und unser Mitgefühl für andere steigern kann. Ich glaube, dass diese Menschen ihre Behauptung ernst nehmen, aber Ernsthaftigkeit ist kein Kriterium für Wahrheit. Der Teufel ist der Engel des Lichts, und attraktiv. Die Vorstellung vom Einssein ist attraktiv, aber sie ist der Tod. Und so gesehen hat natürlich der Tod einen zumindest zeitweiligen Vorteil. Er fühlt sich gut an. Würden wir die Sünde nicht genießen, würden wir sie niemals tun. Die Macht der Sünde ist ihre Anziehungskraft. Um Erfahrungen wie das Einssein richtig beurteilen zu können, müssen wir uns immer auf eine lebenswichtige theologische Frage zurückbesinnen: Wie ist die Wirklichkeit beschaffen? Oder anders, wie ist *Gott* beschaffen? Was lehrt die Bibel? Die Bibel sagt ganz klar, dass Gott vielfältig ist. Jesus sagt: *Der Vater und ich sind eins.* Da ist Einheit. Er sagt aber auch: *Ich kann euch nur lehren, was mich der Vater lehrt. Ich weiß nicht wann das Ende der Geschichte kommen wird, nur der Vater weiß das.* Es gibt also einen Unterschied zwischen Jesus und dem Vater. Wenn Jesus zum Vater betet, führt er kein Selbstgespräch. Er spricht mit jemand anderem. Eine extreme Betonung der Einheit, wie in der Vorstellung des Einsseins, wird die Vielfalt auf dieser grundlegenden Eben nicht ernst nehmen. Infolgedessen wird sie die Wirklichkeit verzerren und zerstören.

Wenn wir vermeiden wollen, dass die Wirklichkeit derartig verzerrt wird, dann wäre es sinnvoll, innerhalb der Grenzen der Wirklichkeit zu bleiben. Das kann schwierig sein, denn viele Menschen haben die Vorstellung verloren, dass es eine Grenze der Wirklichkeit gibt. Wir haben gelernt, dass die Wirklichkeit so ist, wie wir sie empfinden. Die Bedeutung eines Textes liegt in meiner Reaktion auf diesen Text. Wenn ich mich mit solchen Meinungen auseinandersetze, dann frage ich die Menschen zum Beispiel: *Wie empfindest du heute die Schwerkraft? Hast du das Gefühl, dass sie dich heute zur Erde hin anzieht oder davon weg? Und ich will gerne deine Empfindungen respektieren.* Natürlich spielt es überhaupt keine Rolle, was ein Mensch hinsichtlich der Schwerkraft empfindet. Sie ist selbstverständlich. Gott hat uns die Schwerkraft gegeben, und auch wenn wir ganz unterschiedlich über sie empfinden können, ändern diese Gefühle nichts an der Wirklichkeit. Wenn wir unserem Gefühl folgen, dann kann das gefährlich sein, vor allem wenn wir fest davon überzeugt sind, dass wir fliegen können. Es ist also wichtig, die Grenzen der Wirklichkeit unserer Gefühle zur erkennen. Das heißt nicht, dass sie nicht real sind und dass wir sie nicht beachten sollten, oder dass sie nicht machtvoll und ein Teil unserer Selbst sind. Aber unsere Gefühle sind in ihrer Macht, Wirklichkeit zu schaffen, begrenzt, und diese Grenze müssen wir respektieren.

In östlichen Weltanschauungen wird statt Liebe oft das Wort Mitgefühl verwendet, wenn es im Zusammenhang mit Einssein steht, und das zu Recht. Liebe ist eine Beziehung von Angesicht zu Angesicht. Liebe ist Ausgrenzung und Umarmung. Aber wenn ich mit dir eins bin, kann ich dich nicht umarmen. Ich umarme nur mich selbst. Mitgefühl ist eine Emotion und eine Aktivität, durch die das Erfahren des Einssein unterstützt wird und Menschen dazu hinzieht. Liebe hingegen, auch wenn sie ein Gefühl sein *kann*, ist primär eine Reihe von Entscheidungen, die die andere Person ermutigen, so zu sein wie sie ist, nämlich *anders*. So beschreibt die Bibel die Wirklichkeit, wie sie tatsächlich ist.

Wenn Menschen über den *Frieden* sprechen, der mit dem Einssein einhergeht, dann ist es schwer zu verstehen, was genau damit gemeint ist, auch wenn es, abgesehen vom Gefühl, oft als *Abwesenheit von Konflikt* verstanden wird. Aber das ist kein Frieden im biblischen Sinne. In der Bibel ist mit Frieden *Schalom* gemeint, d.h. *eine Plattform und einen Rahmen, um Konflikte auszutragen*. Der Friede zwischen Jakob und Gott drückte sich im Ringkampf aus. Jakob kämpfte *mit* Gott, nicht *gegen* Ihn, und er rang um Wahrheit und Identität. Er wurde Israel – *der mit Gott ringt, mit Gott kämpft*. Frieden steht nicht für die Abschaffung des Kampfes, sondern für einen stabilen Kontext, in dem wir kämpfen und in der Wahrheit wachsen können. Die Abschaffung des Kampfes, des Konflikts, ist eine Abschaffung des Lebens.

Auf globaler Ebene kann ein zunehmender Glaube an das Gefühl des Einseins Menschen anfälliger machen für Kontrolle, sei es auf politischer, wirtschaftlicher, religiöser oder anderer Ebene. Das würde vermutlich zu einer Diktatur führen.

DAS FÜNFTE DREIECK:
SPRACHE

Eines der ersten Dinge, die wir über Gott in der Bibel erfahren, ist, dass Er spricht. Wir lernen, dass Sein Sprechen Wirklichkeit erschafft. *Es werde Licht*, und es ward Licht. *Es werde das Meer und das Land*, und es ward das Meer und das Land. Gott sprach diese Dinge in die Wirklichkeit. Dann schuf Er den Menschen in Seinem Ebenbild durch Seine Worte, und brachte die Tiere vor Adam um zu sehen, wie er sie nennen würde. Er brachte sie nicht, um zu sehen, ob Adam ihre Namen erraten würde, oder ob er sich an die Liste der Namen erinnern würde, die Gott ihm gegeben hatte, sondern um zu sehen, welche Namen Adam ihnen aus eigener Vorstellungskraft, mittels eigener Formulierung und Kreativität geben würde. Und welche Namen Adam ihnen auch gab, das *waren* sie dann auch. Wie wir gesehen haben, wurden die Tiere durch ihre Namen verändert, indem sie in eine Taxonomie aufgenommen wurden. T.S. Eliot schrieb in seinen *Vier Quartetten*: *...die Rosen hatten das Aussehen von Blumen, die angesehen werden*. In anderen Worten sind die Rosen, nachdem sie angesehen wurden, anders als Blumen, die nicht angesehen wurden. Und ebenso unterscheiden sich Tiere, die einen Namen erhalten haben, von Tieren, die noch keinen Namen bekommen haben. Der Mensch hat die Macht der Sprache, die Macht, die Wirklichkeit zu formen. Wir verändern die Wirklichkeit nicht auf die ursprüngliche Art wie Gott, als er aus dem Nichts erschuf, aber im Sinne von Umgestalten, indem wir den organisatorischen Prozess der Entwicklung von Beziehungen durch Sprache fortführen. Sprache ist also ein wesentlicher Bestandteil der menschlichen Natur.

Wenn wir geistlich sein wollen, dürfen wir die Sprache nicht eliminieren. Sie muss da sein, aber so wie bei den anderen Dreiecken, ist sie nicht sicher. Wir können die Sprache missbrauchen. Wir können lügen, sie manipulieren, sie auf falsche Weise verwenden. Aber wir können nicht geistlich sein *ohne* Sprache.

Wir müssen die Sprache ernst nehmen, und wir sollen uns auch an ihr erfreuen. Wenn wir sie nicht ernst nehmen, können wir uns auch nicht an ihr erfreuen. Wir müssen die Macht der Sprache anerkennen und unsere Verantwortung annehmen, sie sorgfältig zu verwenden. Wir müssen sagen, was wir meinen, und meinen, was wir sagen. Wir dürfen nicht so tun, als sei Sprache unwirklich, oder wirkungslos. Wir sollten nicht ständig am Ende jeden Satzes „keine Ahnung" sagen, oder alles mit „gefühlt" relativieren, statt zu sagen, was es eigentlich ist. Wir dürfen die Wirklichkeit der Sprache oder die Macht, die sie tatsächlich hat, nicht herunterspielen.

Wenn wir die Sprache ernst nehmen, dann erfreuen wir uns an unserer Fähigkeit, sie zur Beschreibung, zur Verpflichtung, zur Beziehung, für Ermutigung und Befähigung zu verwenden. Sprache hat eine belebende Funktion. Sie ernst zu nehmen bedeutet, dass wir lernen müssen, uns mit einer Vielzahl von Worten auszudrücken. Es bedeutet, sich mit Klischees, Sprichwörtern oder kulturellen Redewendungen vertraut zu machen und zu überprüfen, was sie wirklich bedeuten und ob wir es tatsächlich so meinen, oder ob wir uns nur dahinter verstecken. Sprechen wir auf eine überzeugte Weise, oder verstecken wir uns hinter Gruppendenken? Das sind die Fragen, die wir bedenken müssen, um unseren Sprachgebrauch zu vertiefen und zu bereichern.

Klischees sind besonders problematisch. Ihre Bedeutung kann distanziert, diffus oder breit gefasst sein. Die Menschen verlassen sich auf sie, aber sie sind keine direkte, verbindliche Kommunikation. Klischees fördern keine Beziehungen. Sie vermitteln eine seichte Art von Identität. Wir identifizieren uns vielleicht mit anderen Menschen, die dieselben Klischees verwenden, und haben das Gefühl, dass wir eine gemeinsame Beziehung haben oder irgendwie dazu gehören, aber das ist kaum eine Beziehung. Wenn ich jedoch sage, was ich denke, auch wenn der andere nicht mit mir übereinstimmt, haben wir tatsächlich eine engere Beziehung. Wir sprechen miteinander über ein Thema, und wir wissen, dass wir unterschiedlicher Meinung sind. Das ist viel näher, als wenn man nur das gleiche Klischee nachplappert.

Wir sehen auch eine zunehmende Verwendung von Bildern und Symbolen, um Ideen auszudrücken. Bilder können in mancherlei Hinsicht effektiv sein, können aber auch reduktionistisch wirken. Ein Emoji zum Beispiel drückt einen Gedanken nicht umfassend und klar aus, wenn ich aber ein oder zwei Sätze an jemanden schreibe, ist das direkter, verantwortungsvoller und aussagekräftiger.

Manche Menschen haben das Gefühl, dass sie nicht gut in Sprachen sind. Vielleicht kämpfen sie mit diesem Aspekt der Geistlichkeit. Wir alle kämpfen mit einem oder mehreren Aspekten der Geistlichkeit. Das ist Teil der Wirklichkeit. Es wäre unweise zu sagen: *Dieser Teil der Geistlichkeit ist ein Kampf, also werde ich ihn weglassen oder missachten, oder so tun, als ob er unwichtig ist.* Das wäre ein großer Fehler. Das Leben ist hart. Wir müssen uns gegenseitig ermutigen im Kampf des Lebens. Wenn eine Person mit der Sprache Schwierigkeiten hat, dann müssen wir sie unterstützen und ihr helfen zu erkennen, dass sie sprachliche Fähigkeiten hat, die noch nicht entwickelt sind, und ihr helfen, sich für diese Möglichkeiten zu begeistern. Das Gleiche gilt für Emotionen, Rationalität und all die anderen Aspekte der Geistlichkeit. Denn das bedeutet Liebe. Es bedeutet, so zu handeln und zu sprechen, dass der Andere in dem ermutigt wird, was Gott möchte, dass er ist. Gott will, dass wir in all den unterschiedlichen Bereichen der Geistlichkeit reich und stark sind. Jeder Mensch neigt dazu, in einigen Aspekten stärker und in anderen schwächer zu sein. Wir haben eine natürliche Neigung, das Starke zu stärken und das Schwache zu ignorieren. Aber wir haben auch eine geistliche Neigung, das Schwache zu stärken, ohne das Starke zu ignorieren.

Unglücklicherweise neigen die Menschen dazu, das, was für sie am natürlichsten ist, für geistlich zu halten. Das ist eine grundlegende Verwechslung zwischen dem Natürlichen und dem Geistlichen. Ein Mensch, der von Natur aus eher rational als emotional ist, neigt dazu, die Rationalität für geistlich zu halten und Emotionen für eine Art Voodoo. Wir aber müssen uns gegenseitig in unserer geistlichen Neigung ermutigen, die darin besteht, eine ausgeglichene gegenseitige Ergänzung der verschiedenen Aspekte der Geistlichkeit zu erlangen.

**DAS SECHSTE DREIECK:
GESELLSCHAFT (BEZIEHUNGEN)**

Die Bibel sagt uns, dass Gott drei Personen ist. Sie sind nicht identisch, und in mancher Hinsicht entgegengesetzt. Zum Beispiel gebietet der Vater und sendet aus, und der Sohn gehorcht und geht. Es gibt eine dynamische Vielzahl von Funktionen und Blickwinkel in Gott, in der ursprünglichen Wirklichkeit. Die Personen Gottes sprechen zueinander und leben in einer hierarchischen Beziehung miteinander. Hierarchische Beziehungen sind heutzutage vielleicht politisch inkorrekt, aber Jesus hat sich diesbezüglich klar geäußert. Er sagte, dass Er nichts lehren könne, was Er nicht selbst vom Vater empfangen habe. Er sagte auch, dass Er nicht wisse, wann das Ende der Zeit kommt, nur der Vater wisse das.

Gott existiert objektiv. Die drei Personen Gottes existieren jeweils objektiv. Die Personen Gottes sehen sich gegenseitig von jeweils unterschiedlichen Blickwinkeln, und das ist Subjektivität. Der Vater existiert objektiv und ändert sich nicht. Er ist seinem Wesen treu. Der Sohn und der Heilige Geist sehen den Vater aus unterschiedlichen Blickwinkeln, und obwohl sie die gleiche objektive Person betrachten, unterscheidet sich manches, was sie von ihren subjektiven Blickwinkeln aus sehen. Der Sohn sieht vollkommen, und der Heilige Geist sieht vollkommen, und somit sind die Unterschiede dessen, was sie sehen, auch vollkommen.

Das bedeutet für das christliche Leben unter anderem, dass Christen keine Klone voneinander sein sollen, die immer der gleichen Meinung sind. Die Beziehung zwischen Christen sollte nicht von Identität geprägt werden, sondern von gegenseitiger Ergänzung, was bedeutet, dass wir unsere Unterschiedlichkeiten akzeptieren, respektieren und wertschätzen. Am sechsten Schöpfungstag sprach Gott: *Lasst Uns den Menschen machen in Unserem Ebenbild.* Dann schuf er Adam. An den anderen Tage, als Er das Land, das Meer, die Sterne, die Planeten, die Pflanzen und die Tiere schuf, sagte Er: *„Es ist* *gut."* Aber, wie bereits erwähnt, nachdem Er Adam geschaffen hatte, sagte Er: „Es ist nicht gut." Was nicht gut war, war, dass Adam alleine war. *Es ist nicht gut dass der Mensch alleine sein.* Der Grund dafür ist, weil Gott nicht alleine ist.

Hier ist ein Sprichwort, das ich mir ausgedacht habe: *Gott allein ist Gott, aber Gott ist nicht allein.* Und doch war Adam am Anfang allein. Es gab niemand anders. Er konnte eine Beziehung mit Gott haben, was grundlegend und schön ist, aber *innerhalb* der Schöpfung gab es niemanden, zu dem er eine Beziehung aufbauen konnte. Adam war sich seiner selbst und seiner Umgebung bewusst, und prägte seine Umgebung, indem er die Tiere benannte. Die meisten Menschen würden denken, dass Adam persönlich war, aber das stimmt nicht. Um persönlich zu sein braucht es Beziehungen zu anderen Personen. Persönlich zu sein unterscheidet sich deutlich von Identität – vom „Selbst-Sein". Es ist Selbstsein in Beziehung zu anderen, die auch selbst-sind. Und das fehlte Adam. Er hatte nur sich selbst. Gott brachte die Tiere vor Adam, um zu sehen, wie er sie nennen würde, und vielleicht auch, damit Adam erkannte, dass es für ihn keine parallele Beziehung bei den Tieren gab.

Tiere sind anders als Menschen. Pflanzen auch. Sie funktionieren vollkommen treu innerhalb der Parameter, die Gott ihnen gegeben hat. Viele Vögel sind z.B. als Zugvögel geschaffen. Sie ziehen jedes Jahr fort, ohne Ausnahme, manchmal sogar am selben Tag, oder sie sterben. Ähnlich ist es, wenn man in den Alpen wandert und eine Blume entdeckt, die zehn Höhenmeter weiter nicht mehr wächst. Wenn die Samen dieser Blume ein paar Meter zu hoch oder zu tief geweht werden, dann keimen sie nicht, oder sie sterben nach dem Keimen, weil sie, wie andere Pflanzen und Tiere, einen natürlichen Lebensraum und natürliche Funktionen haben. Außerhalb dieser Parameter sterben sie, sie können nicht existieren. Der Mensch hingegen, der in Gottes Ebenbild geschaffen ist, *verändert* dieses Muster. Der Mensch ist der Muster-Brecher. Der Mensch pflegt den Garten, der Mensch beginnt mit dem, was Gott geschaffen hat, und verändert es. Es ist wie bei dem Beispiel mit dem Weizen. Gott erschafft den Weizen, und der Mensch schafft es, dass der Weizen alleine auf einem Feld wächst. Das ist die Art von radikaler Veränderung von Mustern, die der Mensch vornimmt, und was die anderen Tiere (oder Pflanzen) nicht tun. Aber das macht ihn nicht persönlich. Dazu braucht es eine andere Person, die sich ihrer selbst bewusst ist.

Auf sehr reale Weise ist ein Mensch *nicht* im Ebenbild Gottes. Natürlich denkt man im Allgemeinen, dass jede Person, jedes Individuum, im Ebenbild Gottes geschaffen ist, aber der Schöpfungsbericht zeigt, dass dem nicht so ist. Auch das Vaterunser zeigt, dass es nicht so ist. Das Vaterunser beginnt mit *Vater unser*, nicht mit *Mein Vater*. Es geht einfach nicht nur um mich und Gott. Jesus hat nicht die Vorstellung, dass ich mich vollkommen alleine auf Gott beziehe, dass Er mein persönlicher Gott ist und ich eine private Beziehung zu Ihm habe. Ich muss die Beziehung zu Gott in Beziehung zu anderen Menschen leben.

Also gab Adam den Tieren ihre Namen, und das war eine machtvolle Angelegenheit, weil es ihre Natur veränderte. Der Akt des Benennens macht einen Unterschied in der Welt. Aber dennoch war die Situation nicht gut, weil Adam alleine war. Es gab niemanden in der Schöpfung, mit dem er eine Beziehung hätte aufbauen können. Also schuf Gott Eva. Eva war Adam in vielerlei Hinsicht ähnlich, so war sie auch ein Muster-Brecher wie er, hatte einen subjektiven Blickwinkel und so weiter, aber sie unterschied sich auch von Adam. Sie war kein Klon von

Adam. Es gibt in Amerika ein seltsames Sprichwort: Gott schuf Adam und Eva, und nicht Adam und Stefa[n][4]. Dieses Sprichwort wird oft gegen die homosexuelle Gemeinschaft verwendet, aber in Wirklichkeit meint es etwas viel Grundlegenderes. Gott hat den Menschen nicht geschaffen, um Gleichartigkeit zu suchen und in einer Identität zu leben, sondern um in Beziehungen mit Unterschieden zu leben. In der richtigen Beziehung zwischen Adam und Eva gibt es etwas Drittes – ein Kind. Und so ist der Mensch in Grunde genommen überall, wo man in der Geschichte hinschaut. Es gibt eine Mutter, einen Vater und ein Baby. Die Menschen kommen also immer zu Dritt, und das sollte uns nicht überraschen. Gott ist drei Personen, und Sein Ebenbild sind drei Personen. Menschen sind trinitarisch. Als Gott fertig war mit der Erschaffung von Adam und Eva, und Adam und Eva in Beziehung zueinander standen, sagt der Bibeltext: *Und Gott schuf den Menschen in Seinem Ebenbild, in Seinem Ebenbild schuf Er ihn.* Das Ebenbild Gottes ist also nicht „er" oder „sie", sondern sie[5], in Beziehung.

Die Vorstellung, dass der Mensch trinitarisch ist, wurde durch ein paar christliche Lehren individualisiert, durch die Annahme, dass jeder Mensch eine dreifache Anordnung ist aus Körper, Seele und Geist. Ich halte diese Lehre für problematisch, weil sie einige Dinge auslässt, wie z.B. das Herz und den Verstand. Sie ist somit nicht umfassend. Aber das größere Problem ist, dass es nur um das *Ich* geht, während es im Christentum um den *anderen* geht. Es geht darum, den Nächsten zu lieben wie sich selbst, nicht um sich selbst zu lieben. Es geht nicht um eine private Beziehung zu Gott, sondern um Beziehungen in einer Gemeinschaft zu haben, als Familie, Freundschaft,

---

[4] [engl. Orig.] *God created Adam and Eve, not Adam and Steve.*
[5] Plural [Anm. d. Übers.]

Nachbarschaft, Kirche, Geschäft, Nation oder andere Gemeinschaften. Deshalb scheint es mir richtiger zu sein zu sagen, dass der Mensch eine dreigeteilte Natur hat, aber es ist nicht Verstand, Körper und Geist, sondern Mutter, Vater und Kind. Das ist die grundlegende Geistlichkeit. Geistlichkeit ist somit keine private Angelegenheit. Man kann nicht wirklich sagen: *Ich bin geistlich.* Man kann nur sagen: *Wir sind geistlich.*

Heutzutage wollen die Menschen glauben, dass sie sich selbst erfinden. Aber die Bibel lehrt, dass es *gegeben* ist, wie wir sind. Die gefallene Natur und die Sünde der Welt verzerrt das, aber grundsätzlich ist uns gegeben, wer wir sind. Wenn Menschen darauf bestehen, sich selbst in ihrem Verlangen, ihrem Schmerz oder ihrer Vorstellung zu erfinden, dann nehmen sie sich selbst die Möglichkeit, dass ihnen etwas gegeben ist. Dadurch können die Menschen sehr einsam werden. Sie setzen sich auch selbst enormem Druck aus, nicht nur um sich selbst zu erfinden, sondern auch um diese Erfindung aufrecht zu erhalten. Das gilt insbesondere für Kinder und Jugendliche. Ich glaube, das ist der Grund, dass wir steigende Selbstmordraten bei Jugendlichen beobachten. Sie können den Druck nicht ertragen, ihr eigener Gott zu sein. Sie können dem Druck nicht standhalten, sich selbst aus ihrer eigenen Vorstellung heraus zu erschaffen.

DAS SIEBTE DREIECK:
DER KÖRPER

Man kann nicht geistlich sein ohne Körper. Viele Menschen, wenn nicht gar die meisten, denken, dass geistlich etwas Transzendentes oder Nicht-Körperliches ist. Aber „geistlich", so wie es in der Bibel beschrieben wird, ist eine umfassendere Wirklichkeit. Gott hat die physische Welt geschaffen, und Er liebt sie. Er hat versprochen, dass Er sie wieder herstellen und für immer erhalten wird. Gottes Wirklichkeit ist nicht in geistlich und nicht-geistlich gespalten, alles ist geistlich. Geistlich bedeutet eine vollständige und integrierte Realität; was teilweise und entkoppelt ist, das ist ungeistlich.

Gottes ursprüngliche Absicht war, einen physischen, inkarnierten Körper zu haben. Gottes ursprüngliche Absicht für uns war ebenfalls, einen physischen Körper zu haben. Die Vorstellung, dass das „Geistliche" das Physische nicht beinhaltet, ist sehr alt, und das beunruhigte schon die Jünger von Jesus. Der Sieg Jesu über den Tod am Kreuz führte zu Seinem neuen geistigen Auferstehungskörper. Als die Jünger diesen Körper sahen, sahen sie ihn durch platonische oder griechische Augen. Palästina war seit dreihundert Jahren eine griechische Kolonie, seit Alexander dem Großen, und die Griechen hatten die Kontrolle über das Bildungswesen. Jüdische Jungen hatten das griechische Denken verinnerlicht, welches die transzendente Vorstellung beinhaltete, dass „die Idee" realer ist als *die tatsächliche Sache*, was das Alte Testament so nicht lehrt. Als die Jünger nun sahen, wie Jesus in den verschlossenen Raum erschien, in dem sie sich aufhielten, dachten sie, dass sie einen Geist sehen oder ein übernatürliches Wesen. Und das erste, was Jesus ihnen sagte, war: *Nein, ich bin kein Geist, fasst mich an. Ich von vollkommen real.* Er bat sie auch um etwas zu essen, und aß es in ihrer Gegenwart. In dem neuen geistlichen Königreich Gottes ist das Berühren geistlich und auch das Essen. Die Jünger waren erschrocken, weil Jesus nicht durch die Tür oder das Fenster zu ihnen kam. Er konnte ihnen erscheinen, sich einfach materialisieren, weil Er sowohl in raum-zeitlichen Dimensionen funktionierte als auch in nicht-raum-zeitlichen Dimensionen der Wirklichkeit. Deshalb konnte Er teleportieren, erscheinen und sich entmaterialisieren. In Seinem Auferstehungsleib funktioniert Jesus in der gesamten Wirklichkeit. Wir funktionieren nur in einem Teil des Ganzen, und sind uns auch nur dessen bewusst. Wenn wir geistlich werden – in vollem Maße in einer erlösten Welt – dann werden wir in der Lage sein, in der ganzen Wirklichkeit zu funktionieren, vollkommen real zu sein. Und das beinhaltet einen physischen Körper.

Im Lukasevangelium lesen wir, dass Jesus zwei Jüngern auf ihrem Weg nach Emmaus begegnete. Emmaus liegt ungefähr sieben Kilometer von Jerusalem entfernt, also braucht es ungefähr zwei Stunden, um die Strecke zu Fuß zurückzulegen. Die Jünger gingen gerade nach Hause. Die meisten Gemälde und Zeichnungen von dieser Begegnung zwischen Jesus und den beiden Jüngern zeigen zwei Männer. Aber es waren keine zwei Männer, sondern es war Kleopas, der im biblischen Text erwähnt wird, und Frau Kleopas – Maria Kleopas – die bei der Kreuzigung zugegen war. Diese beiden Jünger sind niedergeschlagen und bedrückt wegen des kürzlichen Todes Jesu und dem, was seither geschehen war. Jesus fragte sie: *Warum seid ihr so traurig?* Sie antworteten: *Bist du ein Tourist? Weißt du nicht, was hier los war? Die ganze Stadt ist in Aufruhr. Wir dachten, der Messias sei gekommen, aber Er wurde umgebracht, obwohl jetzt einige Frauen behaupten, sie hätten Ihn am Leben gesehen, und jetzt wissen wir nicht, was wir davon halten sollen.* Jesus antwortete: *Ihr habt ein so träges Herz!* Und dann legte Er ihnen die Heilige Schrift aus und zeigte ihnen auf dem langen Weg von Anfang bis zum Ende, warum der Messias sterben und zu neuem Leben auferstehen muss.

Als sie Emmaus erreichten, baten sie Ihn in ihr Haus und zum Abendessen. In einem jüdischen Haus, damals wie heute, nimmt der Vater am Anfang der Mahlzeit das Brot und sagt:

Wir segnen dich, oh Gott, König des Universums, der uns Brot gibt. Dann bricht er das Brot und die Mahlzeit beginnt. Als sie sich aber hinsetzten, nahm Jesus das Brot, und das muss ein wenig schockierend gewesen sein. Es war als ob Er sagen würde: *Das ist mein Haus, ich bin hier der Gastgeber. Das ist mein Brot und ich habe das Sagen.* Dann sprach Er das Gebet, wie es Brauch war, brach das Brot und verschwand. In dem Moment sagten die Jünger nicht: *Brannte nicht unser Herz, als Er verschwand?* Nein, und sie sagten auch nicht: *Brannte nicht unser Herz, als er das Brot nahm?* Was sie sagten, war Folgendes: *Brannte nicht unser Herz, als Er entlang des Weges mit uns sprach?* Als Jesus also mit ihren Köpfen arbeitete, brannten ihre Herzen, und das zeigt uns, dass der Abstand zwischen dem Kopf und dem Herz nichts ist. Es gehört alles zusammen. Denken, verstehen und wahrnehmen sind alle Teile der Geistlichkeit. Geistlichkeit ist nicht bloß eine transzendente oder emotionale Wirklichkeit. Es ist auch eine rationale und wahrnehmende Wirklichkeit.

In Johannes 21, 4-13 lesen wir, wie Jesus zu den Jüngern am See Genezareth geht. Sie haben die ganze Nacht hindurch beim Licht der Fackeln gefischt, und Er scheint zu fragen: *Hey Leute, habt ihr nichts gefangen?* Sie antworteten: *Nein, haben wir nicht.* Er ermutigte sie, das Netz noch einmal auszuwerfen. Sie entgegneten, dass sie das schon die ganze Nacht getan hätten, aber Er bestand darauf, also taten sie es und landeten einen riesigen Fang. Es war ein Wunder, aber Jesus ist der Schöpfer des Universums und rief die Fische ins Netz. Da dämmerte den Jüngern, wer da mit ihnen sprach. Sie kamen an das Ufer und sahen einige überraschende Dinge. Sie stellten fest, dass Jesus ein Feuer gemacht hatte. Er hatte also gearbeitet. Er hatte auch ein Brot gebacken, und war somit schöpferisch tätig gewesen, und hatte auch Fisch gebraten. Wir sehen also, dass Arbeit geistlich ist und auch Kreativität, weil der wiederauferstandene verherrlichte Christus beides tat. Dann sprach Jesus:

Kommt, lasst uns frühstücken. Das zeigt uns, dass auch Gastfreundschaft geistlich ist.

In den oben genannten Erscheinungen nach Seiner Auferstehung ist Jesus körperlich anwesend, und zwar ausdrücklich: Er geht, spricht, isst, arbeitet, und das zeigt uns, dass der physische Körper für die Geistlichkeit wesentlich ist. Es sagt uns, dass unser physischer Körper für immer von Gott erhalten wird. Wenn wir als versuchen, geistlich zu sein, sollten wir nicht versuchen, den Körper zu vernachlässigen, zu verlassen oder zu transzendieren. Wir sollten den Körper ernst nehmen, nicht auf eine selbstzentrierte oder narzisstische Art, sondern wie Gott es beabsichtigt hat. Wir sollten Gott für ihn danken und uns an ihm erfreuen. Unser physischer Körper ist nicht etwas, was Gott wegwerfen wird. Er hat ihn geschaffen und wird ihn zusammen mit unserem Denken und unserem Herzen verwandeln, und ihn für uns bei sich bewahren, für immer.

Der auferstandene Jesus, wie Ihn die Bibel beschreibt, ist die finale geistliche Wirklichkeit. Es gibt keinen weiteren Schritt. Nichts anderes geschieht. Das ist es. Jesus ist natürlich und übernatürlich. Er ist transzendent und immanent. Wenn wir zu Ihm gehören, ist *das* die Richtung, in die wir uns bewegen. Natürlich wissen wir nicht alles darüber, wie es sein wird, derart vollständig wiederhergestellt zu sein, aber wir sehen Hinweise darauf im auferstandenen Jesus, und wir sehen es beim Hochzeitsmahl des Lammes am Ende der Bibel. Dieses Mahl wird nicht aus einem Austausch von ektoplasmischen Nahrungswellen zwischen glühenden Lichtkugeln bestehen. Es wird gebratenen Fisch geben, und Brot und Speisen aller Art. Die Menschen werden es genießen. Vielleicht werden sie den Geschmack kommentieren. Natürlich gehört noch viel mehr zu dieser erlösten Existenz, weil wir in allen Dimensionen der Wirklichkeit leben werden, und wie das sein wird, wissen wir noch nicht ganz. Wir wissen aber mit Sicherheit, dass es ein größeres, reichhaltigeres und interessanteres Leben sein wird als das, was wir momentan haben. Nichts wird uns weggenommen werden von dem, was wir haben, außer unsere Tränen, unser Weinen, unser Schmerz und unsere Sterblichkeit. Aber wir werden weiterhin Gefühle und Wahrnehmungen haben. Es gibt keine allgemeine Reduktion des Lebens, um dadurch ein geistliches Leben führen zu können. Stattdessen werden Dinge zu dem Leben hinzugefügt werden, das wir bereits haben. Wir können die vollständig erlöste Existenz jetzt nicht erleben, aber wir können glauben, annehmen, uns freuen und im Glauben das erwarten, was kommen wird.

DAS ACHTE DREIECK:
DAS ÜBERNATÜRLICHE

Wir haben sieben unterschiedliche Aspekte der Geistlichkeit betrachtet, die alle wesentlich sind und in einer sich gegenseitig ergänzenden Beziehung stehen, und so eine vollständige Geistlichkeit bilden. Über eine Sache haben wir aber noch nicht gesprochen, und das ist das Übernatürliche, zu dem Engel, Dämonen, Reiche und Mächte gehören, aber auch das Gebet und das Wirken des Heiligen Geistes in unserem Leben.

Wir befinden uns ständig in der Gegenwart des Übernatürlichen, nicht nur manchmal. Um geistlich zu sein, muss man das Übernatürlich mit einbeziehen und nicht nur im geschaffenen Raum-Zeit-Kontinuum leben. Wir müssen eine Beziehung haben mit der *ungeschaffenen* Wirklichkeit, und das ist Gott. Manchmal bezeichne ich das Übernatürliche als das achte Dreieck der Geistlichkeit, obwohl ich das nicht oft betone, weil die meisten Christen (und Nicht-Christen) bereits wissen, dass Geistlichkeit auch das Übernatürliche beinhaltet. Das Problem ist aber, dass viele Menschen denken, es sei *alles*, was sie beinhaltet, und deshalb betone ich die anderen sieben Dreiecke – um zu zeigen, dass Geistlichkeit mehr ist als das Übernatürliche, auch wenn es nicht weniger ist als das Übernatürliche.

Gebet ist eine Beziehung mit Gott. Manche Menschen interessieren sich für Gebetstechniken. Manchmal kann es Techniken geben, aber wenn man das Gebet auf eine Technik reduziert, ist es nicht mehr das, was Gott damit im Sinn hatte. Beziehungen sind keine Techniken. Beziehungen sind oft das exakte Gegenteil, bisweilen etwas geheimnisvoll. Die Situation zwischen uns und Gott ähnelt einer Ehe. Wir sind die Braut Christi. Er ist unser Ehemann, und wir stehen mit Ihm auf unterschiedliche Weise in Beziehung. Eine davon ist Gebet. Die Menschen verwechselt das Gebet mit Meditation, Transzendenz oder emotionalen Erfahrungen, aber grundsätzlich geht es beim Gebet um Sprache. Es beinhaltet Worte. Am Ende seiner Prophezeiung sagt Hosea: *Nehmt Worte mit und kehrt um zum Herrn.* Das hört sich vielleicht etwas komisch an, so wie *tue sie in einen Eimer*, aber denk daran, dass das erste, was wir über Gott erfahren ist, dass Er spricht. Seine Rede hat Wirkung, und er ist seiner Rede treu. Das erste, was wir über den Menschen erfahren, ist dass er ebenfalls spricht. Adam benennt die Tiere, und seine Rede hat Wirkung. Worte und Sprache sind wesentlich und grundlegend für Gott und für Gottes Ebenbild, die Menschen.

Wir können die Wichtigkeit von Worten gar nicht überbetonen. Wir müssen sie sorgfältig verwenden. Ich habe von Christen Aussagen gehört wie: *Es sind doch nur Worte.* Meine Antwort lautet: *Und was sonst ist die Bibel? Was gibt es sonst noch in der Bibel außer Worte?* Da ist nichts anderes. Es sind nur Worte. Worte sind für das menschliche Gespräch und das Gebet essentiell. Als Jesus Seine Jünger das Beten lehrte, lehrte Er sie keine besondere Körperhaltung oder Atemtechnik, auch kein spezielles Mantra. Er ermutigte sie, und uns, mit Gott zu reden. Er gab uns Sein Gebet, das Vaterunser. Er will, dass wir gemeinsam mit Gott reden, denn Er sagte nicht *Mein Vater*, sondern *Vater unser*. Worte verbinden uns mit dem Übernatürlichen.

In der Kirche wird oft gesagt, dass wir auf Gottes Stimme *hören* sollen in unserem Gebet oder im Leben. Das ist in gewisser Weise wahr, kann aber auch irreführen. Gott hat bereits durch die Bibel zu uns gesprochen, und so können wir Gottes Botschaft an uns hören, die durch die Menschen überbracht wird, die die Bibel geschrieben haben. Es ist wichtig, auf diese Botschaft zu hören (lesen, studieren, darüber beten). Aber abgesehen von der Bibel, können wir jemals buchstäblich hören, wenn Gott zu uns spricht?

Die Bibel erzählt im Alten und im Neuen Testament von einer ganzen Reihe von Menschen, die die Stimme Gottes gehört haben. Interessant finde ich, dass keiner von ihnen hörend war oder Gottes Stimme erwartet hat. Für jeden war es eine totale Überraschung. Für machen war es sogar ein Schock. Der Apostel Paulus auf der Straße nach Damaskus hat nicht auf Gottes Stimme gehört. Sie kam als Überraschung und warf ihn zu Boden und machte ihn blind. Aber Gott sprach zu ihm. Gott spricht, wann Er will und wie Er will, deutlich und spezifisch zu einigen Menschen, zu anderen nicht. Aber Er *hat* reichlich und allgemein gesprochen, durch die Schöpfung und die Bibel, durch die Menschwerdung von Jesus Christus und die Einzigartigkeit des Menschen. Diese sind ein Ausdruck von Gottes Wort, und Wirkung von Gottes Wort, und wir sollten sorgfältig auf sie achtgeben. Aber zu glauben, dass Gott ein persönliches Wort zu *mir* sagt, abgesehen von der Bibel, ist eine andere Sache.

Manche Menschen erwarten es aber immer noch. Sie warten hörend auf Gottes Stimme bei verschiedenen Anliegen, sei es, ob sie *einen Ford kaufen* sollen, oder *an die Mission in Pakistan spenden* sollen, oder *diesen Ältesten wählen sollen und nicht den anderen*. Es ist möglich, dass Gott zu dir persönlich im Gebet spricht, aber der Bibel zufolge scheint das Hörendsein auf sein Sprechen keinen großen Einfluss darauf zu haben, ob wir Ihn hören oder nicht. Vielmehr sagt die Bibel, dass wenn Er spricht, wir Ihn hören, ungeachtet dessen, ob wir auf Ihn gehört haben oder nicht.

Was bedeutet das in der Praxis? Nehmen wir an, wir suchen nach einer Entscheidung, ob wir das Auto kaufen, den Ford, den wir beim Händler gesehen haben, obwohl unsere finanzielle Situation momentan angespannt ist. Wir wissen, dass Gott ein Gott sowohl der großen als auch der kleinen Dinge ist, und dass Ihm alles am Herzen liegt, und deshalb wollen wir sicher gehen, dass wir unser Geld weise einsetzen. Was sollen wir tun? Können wir deshalb Gott und Führung bitten? Natürlich können wir das, und wir sollen es auch. Wir können um Weisheit bitten. Wir können um ein Gespür für die Umstände bitten, damit wir eine gute Entscheidung treffen können. Wenn wir allerdings Gott bitten, für uns die Entscheidung zu treffen, sagt er sehr oft: *Nein, du entscheidest. Du bist ein Mensch, keine Marionette. Ich werde das nicht für dich entscheiden, das darfst du selbst.* Dennoch ist es gut, die Frage vor Gott zu bringen, denn uns wird im Philipperbrief gesagt: *In allen Dingen lasst eure Bitten in Gebet und Flehen vor Gott kundwerden.* Hier steht nicht, dass man nur das vor Gott bringen soll, was Ihn vielleicht interessiert. Es meint alles. Das beinhaltet den Ford. Aber Er wird uns nicht entmenschlichen, indem Er uns alle Einzelheiten unseres Lebens vorschreibt.

Manchmal geschehen Wunder als Antwort auf ein Gebet. Wir sitzen vielleicht am Küchentisch, und plötzlich ruft ein Freund aus Oklahoma an und sagt: *Hey, ich habe diesen alten Ford, den ich nicht mehr brauche, kennst du jemanden, der ein Auto braucht?* Solche Dinge geschehen, aber nicht immer, dennoch kommt so etwas vor. Jedoch solltest du nicht darauf warten, bis sowas passiert, bevor du eine Entscheidung triffst. Es könnte sein, dass du für den Rest deines Lebens wartest und nie ein Auto kaufst, obwohl du eigentlich dringend eines brauchst.

Wenn wir uns mit dem Übernatürlichen beschäftigen, dürfen wir nicht vergessen, dass uns verboten ist, es zu kontrollieren. Deshalb ist Magie verboten. Magie ist die Kontrolle des Übernatürlichen. Manche Kirchen versuchen, dieses Verbot auf subtile Weise zu umgehen. Zum Beispiel glauben und praktizieren einige Kirchen, dass der Heilige Geist kommen wird, nachdem die Band sich aufgewärmt hat und der Gesang laut genug ist. Das ist Magie. Die Idee scheint zu sein, dass der Heilige Geist um 8:00 auftauchen wird, aber nicht um 7:00, weil sich die Band noch aufwärmt. Nur wenn wir unser Ding machen, taucht der Heilige Geist auf. Das ist keine gute Vorgehensweise.

EINE UMFASSENDE GEISTLICHKEIT

Geistlichkeit beinhaltet alle Dreiecke, die wir behandelt haben: Kreativität, Rationalität, Moral, Emotionen, Sprache, Beziehungen, den Körper und das Übernatürliche.

Alles was wir tun, mit Ausnahme der Sünde, ist Teil unserer Geistlichkeit. Wir sollten unser Leben nicht in einen geistlichen oder übernatürlichen Teil und einen natürlichen Teil aufteilen, sondern es als Ganzes betrachten.

Unser Verständnis all dessen ist nicht perfekt, unsere Sicht nicht vollkommen klar. Gott hat denen, die an Jesus glauben, verheißen, dass sie vollständig wiederhergestellt werden sollen zu dem, was Gott will. „Wir sehen jetzt durch einen Spiegel in einem dunklen Bild; dann aber von Angesicht zu Angesicht. Jetzt erkenne ich stückweise; dann aber werde ich erkennen, gleichwie ich erkannt bin." (1. Korinther 13,12)[6]

<u>Rauchglas</u>
Reiner Anfang
Brennend durch mancherlei Tode
Unsere Herzen werden zu Eis

Falscher Anfang
Geläutert durch des Geistes Feuer
Unsere Herzen schmelzen zu Fleisch.

---

[6] Lutherübersetzung von 2017

30 FRAGEN

1. Was ist die Hölle?

Die Hölle ist Teil des Übernatürlichen. Gott will den Tod nicht. Gott will, dass wir leben. Es ist nicht Gottes Wille, dass irgendein Sünder stirbt, sondern dass alle sich Ihm zuwenden und leben. In Gottes Wirklichkeit gibt es Leben, aber keinen Tod. Der Tod ist das Resultat des Versuchs, in einer anderen Wirklichkeit zu leben. Obwohl der Tod tatsächlich eintritt, ist er nicht real. Wie passt die Hölle in diesen Zusammenhang?

Mir scheint, dass wenn wir uns dafür entscheiden, konsequent außerhalb der Wirklichkeit zu leben, ist das wahrscheinlichste, was passiert, dass wir *entwerden*[7]. Die Person in der Bibel, die am häufigsten über die Hölle sprach, war Jesus. Sein Wort für Hölle war *Gehenna*. *Gehenna* war ein tatsächlicher Ort. Es war die Müllkippe im Kidrontal außerhalb von Jerusalem. *Gehenna* war ein gutes Bild, denn dort wurde der Müll verbrannt, und die Feuer brannten Tag und Nacht. Die Flammen verlöschten nie. Die Frage in Bezug auf die Hölle ist, *was geschieht mit dem Müll?* Wie wir wissen, ist die Flamme ewig, aber brennt dann auch der Müll ewig, oder wird er verbrannt? Ein Teil der Botschaft Jesu besagt, dass wenn wir uns selbst als Müll sehen, dann werden wir Müll sein und ins Feuer gehen.

Eine andere Frage ist: *Woher kommt das Feuer?* Mir scheint, es muss von Gott kommen. Manche Leute habe eine vage

---

[7] [engl. Orig.] *unbecome*

Vorstellung, dass der Teufel das Feuer macht, aber ich glaube nicht, dass der Teufel überhaupt irgendetwas macht. Der Teufel ist kein Schöpfer. Der Teufel ist ein Ankläger. Der Teufel lebt in der Unwirklichkeit, in Rebellion gegen Gott. Er lädt andere Geschöpfe ein und verführt sie, dass sie sich ihm anschließen, das ist seine Art, sie zu verzehren. Aber das Feuer, von dem wir in der Bibel lesen, das kommt von Gott. Es ist Seine Herrlichkeit. Es ist ein ewiger Teil von Ihm. Der Knackpunkt für uns ist hier, ob wir diesem Feuer als einem *läuternden* Feuer oder einem *verzehrenden* Feuer begegnen. Wenn wir uns Gott zuwenden und uns entscheiden, in Seiner Wirklichkeit zu leben – wenn wir von Ihm verändert werden wollen – dann begegnen wir dem Feuer. Es verbrennt uns und es läutert uns, so wie Silber, das im Schmelztiegel geschmolzen wird, wie es bei Maleachi beschrieben ist. Das Feuer brennt, und die Unreinheiten steigen an die Oberfläche und werden abgeschabt. Das Silber wird so immer reiner, und der Läuterer ist Jesus. Er schwebt über dem kochenden Topf, und wenn der Abstrich abgekratzt wird, sieht Jesus sich selbst im Silber; wir werden Ihm immer ähnlicher, während wir geläutert werden. Wenn wir uns jedoch nicht Gott zuwenden, wenn wir uns von Gott *abwenden*, dann verbrennt uns das Feuer von hinten. Das Feuer läutert diejenigen nicht, die in ihren eigenen Vorstellungen leben wollen, in ihrem Stolz und ihrer Eitelkeit; es ist das gleiche Feuer, aber es verbrennt, verzehrt und zerstört. Wir wissen, dass dieses Feuer ewig ist, weil es Gott ist, aber wieder stellt sich die Frage, ob der Müll ewig brennt oder verbrannt wird. Es ist eine schwierige Frage.

In dem Zusammenhang ergibt sich eine weitere Frage: *Ist die Hölle auf ewig selbst-erhaltend, oder müsste Gott sie für immer aufrechterhalten?* Manchen Menschen glauben, dass Gott tatsächlich ein derartiges Paralleluniversum in Ewigkeit erhalten würde. Es ist ein Paralleluniversum, separat und getrennt, weil es nicht in Gottes Universum existieren könnte, das Wahrheit und Licht, Geist und Liebe ist. Dieses

Paralleluniversum ist eine falsche Wirklichkeit – stolz, selbstzentriert, destruktiv und rebellisch. Manche würden argumentieren, dass Gott ein derartiges separates Universum *nicht* aufrechterhalten würde, dass Er Seine kreative Macht *nicht* dafür einsetzen würde, einen derartigen Ort zu erhalten. In diesem Falle, da nichts existieren kann ohne Gottes erhaltende Kraft, würde die Hölle nicht für immer bestehen, sondern würde vergehen, wenn die in ihr verbrannt sind.

2. Man hört manchmal, dass die linke Gehirnhälfte eher sequentiell und linear arbeitet, während die rechte Gehirnhälfte eher ganzheitlich funktioniert. Hat die Struktur des Gehirns irgendeine Entsprechung zu Zeit und Ewigkeit?

Vermutlich nicht. Die Bibel sagt uns, dass wir den Verstand Christ haben sollen, nicht das Gehirn Christi. Das Gehirn ist ein Werkzeug, das der Verstand zum Denken benutzt.

3. Was ist der Verstand?

Wir wissen es nicht genau, aber in der Bergpredigt gibt es eine Passage, die uns helfen kann, den Verstand zu verstehen. Jesus sagt da, dass das Auge das Licht des Leibes ist. Jesus sagt uns, wenn das Auge lauter ist, dann ist der Leib licht, aber wenn das Auge böse ist, dann ist der ganze Leib finster. Wenn das Auge lauter ist, dann sieht es alles in einem Fokus und ist ungeteilt. Das Gehirn sieht die Wirklichkeit aufgeteilt in linear und ganzheitlich, aber der Verstand ist nicht geteilt, es sei denn, er ist böse.

4. Wie erlangen wir diese Lauterkeit[8] des Geistes?

Indem wir Gott vertrauen, dass er es für uns schafft. Vertrauen korrespondiert mit Glauben. Ich vertraue darauf, dass Gott an mir und mit mir tun wird, was gut und notwendig ist. Ich stelle mich Gott zur Verfügung, damit Er in mir wirkt, indem ich Ihm vertraue und gehorche, ich bin also nicht vollkommen passiv. Ich entscheide mich, an Gott zu glauben, ich entscheide mich, Ihm zu vertrauen, Ich entscheide mich, den Weg zu gehen, den der Geist mir weist.

5. Was sollen die Menschen tun, wenn dieser Weg zu Schmerzen und Leiden führt?

Wir sollten die Schmerzen und das Leid als Wachstumsschmerzen akzeptieren. Die letzte Seligpreisung in der Bergpredigt lautet: *Selig sind die, die um Jesu Willen verfolgt werden, denn ihrer ist das Himmelreich.* Wenn wir Jesus nachfolgen, dann befinden wir uns in zwei Königreichen, dem Königreich der Welt und dem Königreich des Himmels. Es gibt einen Kampf und eine Schlacht. Der Stress und das Leid dieses Kampfes sind ein Zeichen des Lebens und der Zugehörigkeit zum Königreich Gottes.

6. Warum denken so viele Menschen, dass geistlicher zu werden bedeutet, transzendente oder übernatürliche Erlebnisse zu haben?

Ein Grund dafür ist, dass es die Geistlichkeit zu erleichtern scheint. Es ist eine Art von Flucht vor der ganzen Wirklichkeit.

---

[8] engl.: *singleness* = Lauterkeit, Einfalt (im positiven Sinne, nicht Dummheit) [Anm. d. Übers.]

Die Menschen leiden in der natürlichen Welt und wollen, dass das Übernatürliche realer ist als das Natürliche. Die Menschen erwarten, dass sie in der übernatürlichen Welt nicht leiden werden. Der Teufel motiviert uns, so zu denken, denn er will, dass wir die Wirklichkeit nur teilweise, aber nicht vollständig sehen. Die Wirklichkeit vollständig zu sehen bedeutet, sie sowohl als natürlich, als auch als übernatürlich zu sehen.

7. Wenn wir eine Vision oder ein anderes übernatürliches Erlebnis haben, das uns einfach so zufällt, können wir dem vertrauen?

Wir müssen unsere übernatürlichen Erlebnisse prüfen, ob sie zur biblischen Wahrheit als Ganzem gehören. Im 1. Johannes 4,1-3 wird uns gesagt, dass wir unsere Erfahrungen prüfen sollen, ob sie anerkennen, dass Jesus Christus im Fleisch gekommen ist. Das bedeutet, dass das Übernatürliche natürlich geworden ist, das Ewige in die Zeit eingetreten ist. Keine Vision oder Erfahrung sollte uns von dieser Wahrheit abbringen.

Es gibt eine Geschichte über Charles Spurgeon, einen Baptistenpastor in London. Er ging den Gang entlang in seiner Kirche auf dem Weg zur Kanzel, um zu predigen. Ein Engel des Lichts stand ihm im Weg und sprach: „Charles Spurgeon, ich habe eine Botschaft des Herrn für dich." Spurgeon sagte: „Ich bin beschäftigt, ich muss gleich predigen." Der Engel sagte: „Es ist eine sehr dringende Botschaft." Spurgeon sagte: „Okay, sag sie mir." Der Engel sprach: „Dein Name ist in das Buch des Lebens des Lammes geschrieben." Spurgeon sagte: „Die Bibel hat mir das bereits zugesagt, und du versuchst mich, dass ich dem Wort eines Engels glauben soll. Geh weg."

Das ist ein Beispiel für die Unterscheidung der Geister. Wir sind alle unterschiedlich und sollten nicht versuchen, uns gegenseitig zu kopieren, aber die Einstellung haben, von einer übernatürlichen Erfahrung Klarheit zu fordern. Die grundlegende Frage, in unterschiedlicher Ausprägung, lautet: „*Ist Jesus Christus im Fleisch gekommen?*" Spurgeon stellte diese Frage nicht wörtlich, aber es ging ihm darum, dass Jesus Christus, das fleischgewordene und geschriebene Wort Gottes, die Grundlage seines Lebens ist.

8. Gibt es Menschen, die eher zu einer Wahrnehmung des Übernatürlichen neigen? Falls ja, welchen Rat würdest du diesen Menschen geben?

Es scheint, dass manche Menschen, vor allem Kinder, sich des Übernatürlichen eher bewusst sind als andere Menschen. Mein Rat wäre, dieses Bewusstsein nicht abzulehnen, aber vorsichtig zu sein. Wenn wir das Übernatürlich zu sehr betonen, könnten wir in den Glauben verfallen, dass das Übernatürliche realer ist als das Natürliche, was nicht wahr ist.

Der Glaube, dass das Übernatürliche wirklicher ist, kommt prinzipiell vom Teufel, aber auch von einigen Philosophen wie Plato. Das Christentum ist kein Mystizismus. Jesus ist nicht nur übernatürlich real, sondern auch natürlich. Das Wort ward Fleisch, ohne dabei ungeistlich zu werden.

9. In nicht-christlichen spirituellen Systemen, vor allem in meditativen Systemen, werden Schweigen und Stille oft betont. Sollte beides im christlichen Leben eine Rolle spielen?

Ja, wir sollten Raum geben, auf Gott zu hören, der durch Sein Wort, die Bibel, spricht, und auch auf anderen Wegen. Wir sollten aufpassen, dass wir das Schweigen und die Stille nicht mit Gebet verwechseln, denn das ist eine verbindliche Sprache.

10. Wenn geistlich gleichbedeutend ist mit vollkommen real, ist geistlich dann auch gleichbedeutend mit demütig?

Ich würde nicht sagen, dass geistlich das Gleiche ist wie demütig, aber dass Demut geistlich ist. Demut ist im Grunde genommen Realismus, wenn ich akzeptiere, wer Gott ist, was Er tut und was Er will. Als Gott Mose am brennenden Dornbusch auftrug, Israel zu führen, sagte Mose: *Nein, dazu bin ich nicht qualifiziert.* Das war Stolz. Als Mose dann akzeptierte, dass Gottes Wille richtig war, war es Demut. Mose wurde als der demütigste Mensch auf Erden bezeichnet. Er hatte die Macht über Leben und Tod über eine Million Menschen, und er war demütig.

11. Mit welchen Worten spricht die Bibel über Geistlichkeit?

Wenn die Bibel über Geistlichkeit redet, beginnt sie mit Gott. Sie sagt sogar: „Gott ist Geist." Die Worte, die die Bibel für Geist verwendet, sind *Ruach* und *Pneuma*, hebräische und griechische Worte, die beide „Wind" bedeuten. Wenn die Bibel sagt, dass der Geist weht wo er will, dann steht da „der Wind windet." Geist ist Ausdruck oder etwas, das hinausgeht. Ein Mensch hat einen Geist. Das gleiche gilt für ein Buch, ein Lied, eine politische Partei, eine Familie oder eine Kirche. Sie alle drücken sich selbst aus und sind aktiv. Der Geist ist ein Ausdruck der gesamten Person. Er bezieht jeden Teil des Menschen mit ein. Die Tatsache, dass Jesus das Wort Gottes ist, durch welches alles gemacht ist, zeigt uns die schöpferische Wirkung dieses Windes oder Ausdrucks.

Im Johannesevangelium 4,24 sagt Jesus: „Gott ist Geist". Er sagt nicht, dass Gott geistlich ist oder geistliche Teile hat. Gott ist vollständig Geist, also muss unser Verständnis darüber, was geistlich ist, alles beinhalten, was wir über Gott herausfinden können. Beachte auch, dass man nicht sagen kann, *Geist ist Gott*. Wenn wir so denken, gehen wir letztendlich von unseren Erfahrungen aus und dem, was wir schon über den Geist denken und fühlen. Letztendlich sagen wir dann, dass Gott so ist, wie ich Geist verstehe. Das funktioniert nicht, denn es beginnt bei uns. Das Gleiche gilt auch für die Liebe. Wenn wir wissen wollen, was Liebe ist, dann müssen wir herausfinden, was Gott ähnlich ist. Die korrekte Gleichung lautet: *Gott ist Liebe*. Die falsche Gleichung wäre: *Liebe ist Gott*. Viele Menschen, vor allem in unserer postmodernen Zeit, glauben an die falsche Gleichung. Sie sagen: Meine Erfahrung der Liebe, meine Annahmen oder Hoffnungen über die Liebe, sind Gott. Wenn ich über diese Dinge Bescheid weiß, dann weiß ich über Gott Bescheid. Aber das stimmt nicht. Ich weiß dann nur über meinen Wahnsinn Bescheid, meine eigenen Verzerrungen. Wenn wir es aber anders herum sagen – *Gott ist Liebe* – dann fangen wir bei Gott an und können herausfinden, was Liebe tatsächlich ist. Wir müssen es Gott überlassen, die Liebe in Bezug auf sich selbst zu definieren. Das gleiche gilt für den Geist. Alles, was wir über Gott herausfinden, *ist* geistlich, auch die Menschwerdung.

12. Ist Technologie geistlich böse?

Neue Technologien in unserer Welt erlauben uns, grundlegende Aspekte unseres Wesens zu manipulieren, sei es durch Genmanipulation, der Schaffung von Schnittstellen zwischen unserem Gehirn und Künstlicher Intelligenz, oder auf anderen Wegen. Sollten wir dies weiter verfolgen? Vermutlich sollte es ein paar Grenzen für derartige Aktivitäten geben, obwohl das davon abhängt, wie und warum eine Technologie verwendet wird. Im Allgemeinen gesprochen wären diese Technologien problematisch und tatsächlich böse, wenn sie beispielsweise grundlegende Aspekte unserer Geistlichkeit einschränken oder unsere Fähigkeit reduzieren würde, Entscheidungen zu treffen, oder Schuld zu empfinden mit der Erkenntnis, dass wir Vergebung brauchen. Daher sollte es wohl Grenzen geben, auch wenn wir sorgfältig nachdenken und beten müssen, um zu erkennen, was der beste Weg ist.

13. Was sind die Konsequenzen des Sündenfalls?

Der Tod. Mit „Tod" meine ich die Entfremdung und Trennung von Dingen, die nach Gottes Willen zusammen gehören. Mit „Dingen" meine ich beispielsweise eine Person und eine andere, die Menschen und Gott, und die Menschen von sich selbst, so dass zu Lebzeiten der Körper eines Menschen von seinem Verstand und seinem Geist in gewissem Maße getrennt wird, und dann eine permanente Trennung erfährt, wenn der Körper zerfällt. Es gibt auch eine Entfremdung zwischen dem menschlichen Teil der Schöpfung (Menschen) und dem nichtmenschlichen Teil der Schöpfung (Pflanzen, Tiere, Felsen, Flüsse,...). Der Tod ist ungeistlich. Die umfassende Geistlichkeit, die ein Geschenk Gottes durch Jesus Christus ist, zerstört den Tod, und stellt alle Beziehungen wieder her, die Gott angelegt hat.

14. Wie können wir als Menschen möglichst umfassend in einer gefallenen Welt leben?

Sowohl aktiv als auch passiv. Wir erlauben Gott, in uns zu leben und ein Leben lang in uns zu wirken, und wir entscheiden uns, Seinen Weisungen in Seinem Wort (Bibel) und durch den Heiligen Geist nachzufolgen, der in uns allen lebt. In unsere Entscheidungen müssen alle Dreiecke mit einbezogen werden, damit unser Leben und unsere Geistlichkeit ganzheitlich sind.

15. Was ist der Unterschied zwischen moralisch und ethisch?

Moralisch bedeutet, innerhalb der absoluten Richtlinien Gottes für das Leben zu leben. Unmoralisch bedeutet, außerhalb dieser Richtlinien zu leben. Ethisch bedeutet, innerhalb der temporären Lebensrichtlinien einer Kultur zu leben. Unethisch bedeutet, außerhalb dieser Richtlinien zu leben. Die Menschen ziehen ethische Grenzen. Gott zieht moralische Grenzen.

Wenn du mit jemandem Sex hast, der nicht dein Ehepartner ist, hast du die Grenze überschritten. Wenn du aber darüber *nachdenkst*, Sex mit jemand zu haben, der nicht dein Ehepartner ist, hast du ebenfalls diese Linie überschritten.

Wir sind niemals in der Situation, in der wir diese Linie nicht überschritten haben. Wir sind immer Sünder. Wir brauchen immer Gottes Gnade. Wir können uns nicht selbst bewahren.

16. Überschreiten Wissenschaftler moralische Grenzen?

Wissenschaftler haben schon immer die Grenzen zur Unmoral überschritten. In der Antike entdeckten Agrarwissenschaftler Methoden zu Intensivierung der Pflanzenproduktion, und zerstörten so den Boden im Tal von Euphrat und Tigris um 3000-4000 vor Chr. Wissenschaftler haben ihre Entdeckungen immer aus dem Gesamtkontext von Gottes Schöpfung herausgelöst und Zerstörung angerichtet. Gott will, dass die Menschen Seine Schöpfung wissenschaftlich untersuchen, aber Er will, dass wir durch das, was wir dabei lernen, sorgsam mit der Schöpfung umgehen, und sie nicht durch eine engstirnige und egoistische Manipulation zerstören. Wenn wir dann beispielsweise über Nanotechnologie und so nachdenken, ist die Frage immer noch die gleiche, wie zur Zeit der Antike. Die

Wissenschaft ist von Gott geboten, aber sie muss verantwortungsbewusst und sorgsam im Gesamtkontext von Gottes Schöpfung angewendet werden, damit wir Seine Schöpfung nicht reduzieren und zerstören.

17. Wie können wir herausfinden, ob unsere Kirche zu rational in der Schriftauslegung geworden ist?

Selbst nur ein wenig Rationalität ist falsch, wenn sie aus dem Kontext der Liebe herausgenommen wird. Wenn wir also glauben, wir können ein vitales und lebendiges Verständnis in unserem Verstand bewahren, ohne es in Liebe auszuleben, begehen wir einen großen Fehler. Rationalität ist gut und richtig, aber sie muss im Kontext mit Liebe funktionieren. Wenn sie von der Liebe losgelöst wird, führt sie zum Tod. Die Frage hier ist also nicht, ob es zu viel oder zu wenig Rationalität gibt, sondern ob diese Rationalität im Zusammenhang mit der Liebe gelebt wird.

Es könnte eine Kirche in einer Universitätsstadt geben, die einen derart hohen Grad an Rationalität hat, dass die Durchschnittsperson sich fehl am Platz fühlen würde, aber wenn diese Rationalität in Liebe praktiziert wird, gibt es damit kein Problem. Andererseits könnte es eine Kirche in einer ländlichen Bauerngemeinde geben, wo niemand je eine Hochschule besucht hat, und die Rationalität auf eine gesetzliche, egoistische und ausgrenzende Weise praktiziert wird. In diesem Fall wäre die Rationalität destruktiv.

18. Ist es geistlich, psychedelische Substanzen zu sich zu nehmen, um damit psychiatrische oder medizinische Beschwerden zu lindern?

Im Allgemeinen würde ich sagen, ja.

19. Ist es geistlich, psychedelische Substanzen zu sich zu nehmen, um damit Kontakt aufzunehmen zu übernatürlichen Wesen oder Reichen?

Wir sind angehalten, die Geister zu unterscheiden, ob sie von Gott sind oder nicht. Der Test, den ich bereits erwähnt habe, lautet: *Kam Jesus Christus im Fleisch?* Wenn uns also eine psychedelische Droge eine Erfahrung vermittelt, die uns lehrt, dass das Übernatürliche realer ist als das Natürliche, dann ist es falsch (weil Jesus Christus *tatsächlich* im Fleisch kam und vollkommen geistlich blieb).

20. Kannst du uns ein Beispiel nennen für den Schalom Gottes im Zusammenhang mit Leiden?

Schalom ist Wohlbefinden und Sicherheit in Gottes Wahrheit und Liebe. Schalom ist ein Fundament und ein Rahmen für das Leben, den Gott uns gibt. Dieses Fundament ist immer wirksam, egal ob wir fröhlich sind oder traurig, in Sicherheit oder in Gefahr. Es ist nicht die Abwesenheit von Konflikt, aber die Sicherheit innerhalb eines Konfliktes. Der Schalom Gottes ist größer als die Konflikte, die wir erleben.

Als ich wegen Depressionen im Krankenhaus war, war ich sehr, sehr krank und hatte furchtbare Schmerzen. Wenn ich mich selbst fragte: „Bin ich sicher in Gottes Liebe?", war die Antwort immer „Oh ja, natürlich!"

21. Gab es jemals Momenten, in denen du dieses Schalom verloren hattest?

Es gibt Momente, da verlieren wir alle die Verbindung damit. Wir leben in einer gefallenen Welt, wir sind alle Sünder.

Allerdings können die Momente, in denen wir die Verbindung mit Gottes Schalom verlieren, sehr glückliche oder triumphale Momente sein. Wenn wir glücklich sind oder triumphieren, können wir versucht sein, selbstzentriert zu werden und Gute und Böse aus unseren eigenen Erfahrungen und Vorstellungen heraus zu erkennen, statt in Bezug auf Gottes Wahrheit. Ich würde also sagen, dass die glücklichen, bequemen und erfolgreichen Momente im Leben gefährlicher sind als die Momente, die wir nicht genießen. Wenn wir leiden, werden wir uns mehr bewusst, dass wir Gott brauchen. Wenn wir triumphieren, glücklich sind oder uns wohl fühlen, neigen wir zu vergessen, dass wir Gott brauchen. Wenn wir vergessen, dass wir Gott brauchen, verlieren wir unser Schalom. Das entspricht der ersten Seligpreisung: *Selig sind, die arm im Geiste sind, denn ihnen gehört das Himmelreich,* denn nur wenn wir wissen, dass wir Gott brauchen, haben wir Schalom.

22. Wie können wir in unserem Sprachgebrauch verbindlicher werden?

Schreibe Fragen und Antworten auf, schau sie dir nach ein oder zwei Tagen noch einmal an, und frage dich, ob du sie mit deinem Namen unterschreiben würdest. Schreibe alles um, bis die Fragen und die Aussagen sich stabilisieren und jeden Tag gleich bleiben. Ein paar meiner Studenten haben das ausprobiert, und es funktioniert. Andere fanden es zu schwer und gaben auf. Diese Übung kann demütigend sein, weil wir merken, dass wir chaotisch und unverbindlich sind in unserer Sprache. Obwohl wir sehen, dass es möglich wäre, verbindlicher im Sprechen zu werden, ermutigt die Welt um uns herum uns zum Chaos. Die Menschen um uns herum sagen vielleicht „Chill mal", „Entspann dich", „Mach dir keine Sorgen", „Lass dich einfach treiben" oder „Wie auch immer". Jemand hat mir einmal gesagt: „Werde nicht zum Wortakrobat." Verbindlicher im Sprachgebrauch zu werden ist in unserer heutigen postmodernen Kultur gegenkulturell und antisozial – und dadurch wird man geistlicher.

23. Woher kommt die menschliche Sehnsucht nach Entdeckungen und dem Durchbrechen von Mustern?

Von Gott. Gott wollte Geschöpfe in Seinem Ebenbild schaffen. Menschen sind in Seinem Ebenbild. Die anderen Geschöpfe (Tiere) sind es nicht. Menschen haben von Gott den Auftrag, Seinen Schöpfungsprozess fortzuführen, indem sie die Komplexität der Schöpfung mehren.

So hat Gott zum Beispiel Schafe und Ziegen geschaffen, dass sie in der Natur umherwandern und den Jahreszeiten folgen. Der Mensch hat die Komplexität von Schafen und Ziegen erhöht, indem er sie in dauerhaften und stabilen Situationen unterbringt. Was Gott tut, heißt Schöpfung, und was der Mensch tut, heißt Kunst, denn es ist künstlich.

24. Was meinen die Menschen heutzutage, wenn sie sagen, dass sie spirituell sind, aber nicht religiös?

Im Grunde genommen weiß ich das nicht. Wenn jemand also so etwas zu mir sagt, dann frage ich ihn, was er meint. Die Annahme zu wissen, was eine andere Person meint, ist ein großes Hindernis für die Kommunikation.

25. Du hast gesagt, dass die Ewigkeit permanent und Zeit temporär ist. Wenn Zeit temporär ist, ist sie dann eine Verzerrung?

Die Schöpfung, die Gott geschaffen hatte, war perfekt. Die Beziehung zwischen Zeit und Ewigkeit war perfekt, ohne

Verzerrung. Aber Sünde und Rebellion führten zu einer Entfremdung in der Wirklichkeit, die von Jesus besiegt werden muss. Die Schöpfung in der Zeit ist ein Ausdruck der Wirklichkeit in Ewigkeit. Gott lebt in der Ewigkeit, vor und außerhalb der Schöpfung. Zeit und Ewigkeit sind Matrizen von Sequenz. Im Raum geschehen Dinge in der Zeit. Außerhalb des Raums geschehen Dinge in Ewigkeit. Es gibt unterschiedliche Schnittstellen zwischen Zeit und Ewigkeit, wobei die wichtigsten von ihnen Offenbarung und Gebet sind. Wenn Jesus wieder kommt, wird alles zusammengeführt werden, in eine Matrix, und wir werden in Ewigkeit leben.

26. Wie können wir das Wirken des Heiligen Geistes spüren?

Wir werden mit dem Heiligen Geist erfüllt, wenn wir an Jesus glauben. In der Bibel steht nichts davon, wie sich der Heilige Geist anfühlt.

Gleichzeitig steht in der Bibel nichts darüber, dass man den Heiligen Geist nicht fühlen kann. Aber sie sagt uns nicht, was oder wie man das fühlt.

27. Was ist ein Segen?

Ein Segen ist eine Vergrößerung des Lebens – während ein Fluch eine Verkleinerung des Lebens ist. Wir haben gewöhnlich die irrige Vorstellung, dass sich Segen gut anfühlt. Viele Segnungen fühlen sich schlecht an. Das deutlichste Beispiel dafür ist der Zahnarzt. Der Zahnarzt ist ein Segen. Er fühlt sich schlecht an. Wir haben Angst vor ihm. Wir meiden ihn. Ich denke, das ist ein Symbol für das ganze Leben. Die Segnungen fühlen sich sehr oft schlecht an, und die Flüche fühlen sich gut an. Wenn du auf der Straße hinfällst und dir das Bein brichst, und du liegst da in deinem Schmerz, und ein

Arzt kommt des Wegs und sagt: „Oh, du Armer, du musst furchtbare Schmerzen haben, ich sehe, wie der Knochen aus deiner Haut ragt, ich will dich segnen" – und spritzt dir Morphium. Nach drei Sekunden fühlst du dich wunderbar. Dann sagt er: „Jetzt bist du gesegnet", und geht weiter. Bist du gesegnet? Nein, du bist verflucht. Das Leben ist wirklich verwirrend, und wir müssen in die Bibel schauen und erkennen, was ein Segen und was ein Fluch ist, und im Glauben wandeln.

28. Was ist der Himmel?

Der Himmel ist die übernatürliche Dimension der Wirklichkeit. Die Dimensionen des Himmels ähneln den Dimensionen der natürlichen Wirklichkeit, unterscheiden sich aber auch von ihnen. Beispielsweise funktioniert die natürliche Wirklichkeit grundsätzlich in der Zeit, und die übernatürliche Wirklichkeit funktioniert in der Ewigkeit. Sowohl Zeit als auch Ewigkeit sind Matrizen von Sequenz, die miteinander verbunden sind. Das bedeutet, dass jeder Punkt in der Zeit zu jedem Punkt in der Ewigkeit präsent ist. Am Ende der zeitlichen Geschichte wird das Gebet, das Jesus uns gelehrt hat, „Dein Königreich komme, Dein Wille geschehe, wie im Himmel, so auch auf Erden", vollständig beantwortet werden. Die Hoffnung des Christentums ist nicht, dass wir in den Himmel kommen, sondern dass der Himmel zu uns kommt. Zeit und Ewigkeit werden verschmelzen und eine Matrix der Sequenz sein. Die Trennung zwischen Himmel und Erde wird enden.

29. Manchmal fragen Menschen: „Wie wird es sein, im Himmel zu sein?" Hast du dazu irgendwelche Gedanken?

Es gibt zwei Stufen oder Phasen. Die eine ist, mit Gott zusammen zu sein, nachdem wir gestorben sind, aber vor der

Auferstehung der Toten und der Ankunft des Himmels auf der Erde. Das ist eine Zwischenphase. Die Bibel deutet an, dass Menschen, die im Herrn sterben, bei Ihm sein werden, und sich dessen bewusst sind, und sich nach ihrem neuen Auferstehungsleib sehnen. Die finale Wirklichkeit ist, wenn der Himmel auf die Erde kommt und Himmel und Erde vereint sind und wir unseren Auferstehungsleib haben. In der Auferstehung von Jesus Christus haben wir ein Beispiel für einen Auferstehungsleib. Er aß und trank und sprach mit Menschen und bewegte sich augenblicklich durch den Raum und erschien physisch in Räumen, ohne die Tür oder das Fenster zu benutzen. Somit wird der Auferstehungsleib ähnlich sein wie unser natürlicher Leib, auch wiedererkennbar, aber er wird sich auch von ihm unterscheiden auf eine Weise, die wir noch nicht vollständig kennen.

30. Warum brauchen wir einen Auferstehungsleib, der essen und trinken kann, wenn doch das Essen und Trinken mit der Notwendigkeit verbunden sind, einen physischen Körper mit Energie zu versorgen und am Leben zu erhalten?

Es ergibt im Rahmen von Zeit und physikalischen Dimensionen keinen Sinn, aber wir werden in anderen Dimensionen sein, also wird es Sinn machen. Aus unserer heutigen Perspektive können wir das jedoch noch nicht verstehen. Die Antwort auf die Frage lautet somit: Warte ab und sieh.

www.ingramcontent.com/pod-product-compliance
Lightning Source LLC
Chambersburg PA
CBHW070130080526
44586CB00015B/1633